Christian Luiz da Silva
José Edmilson de Souza-Lima

(Orgs.)

POLÍTICAS PÚBLICAS e indicadores para o DESENVOLVIMENTO SUSTENTÁVEL

Editora Saraiva
www.saraivauni.com.br

Editora Saraiva

Rua Henrique Schaumann, 270 – CEP: 05413-010
Pinheiros – TEL.: PABX (0XX11) 3613-3000
Fax: (11) 3611-3308 – Televendas: (0XX11) 3613-3344
Fax Vendas: (0XX11) 3268-3268 – São Paulo – SP
Endereço Internet: http://www.saraivauni.com.br

Filiais

AMAZONAS/RONDÔNIA/RORAIMA/ACRE
Rua Costa Azevedo, 56 – Centro
Fone/Fax: (0XX92) 3633-4227 / 3633-4782 – Manaus

BAHIA/SERGIPE
Rua Agripino Dórea, 23 – Brotas
Fone: (0XX71) 3381-5854 / 3381-5895 / 3381-0959 – Salvador

BAURU/SÃO PAULO (sala dos professores)
Rua Monsenhor Claro, 2-55/2-57 – Centro
Fone: (0XX14) 3234-5643 / 3234-7401 – Bauru

CAMPINAS/SÃO PAULO (sala dos professores)
Rua Camargo Pimentel, 660 – Jd. Guanabara
Fone: (0XX19) 3243-8004 / 3243-8259 – Campinas

CEARÁ/PIAUÍ/MARANHÃO
Av. Filomeno Gomes, 670 – Jacarecanga
Fone: (0XX85) 3238-2323 / 3238-1331 – Fortaleza

DISTRITO FEDERAL
SIA/SUL Trecho 2, Lote 850 – Setor de Indústria e Abastecimento
Fone: (0XX61) 3344-2920 / 3344-2951 / 3344-1709 – Brasília

GOIÁS/TOCANTINS
Av. Independência, 5330 – Setor Aeroporto
Fone: (0XX62) 3225-2882 / 3212-2806 / 3224-3016 – Goiânia

MATO GROSSO DO SUL/MATO GROSSO
Rua 14 de Julho, 3148 – Centro
Fone: (0XX67) 3382-3682 / 3382-0112 – Campo Grande

MINAS GERAIS
Rua Além Paraíba, 449 – Lagoinha
Fone: (0XX31) 3429-8300 – Belo Horizonte

PARÁ/AMAPÁ
Travessa Apinagés, 186 – Batista Campos
Fone: (0XX91) 3222-9034 / 3224-9038 / 3241-0499 – Belém

PARANÁ/SANTA CATARINA
Rua Conselheiro Laurindo, 2895 – Prado Velho
Fone: (0XX41) 3332-4894 – Curitiba

PERNAMBUCO/ ALAGOAS/ PARAÍBA/ R. G. DO NORTE
Rua Corredor do Bispo, 185 – Boa Vista
Fone: (0XX81) 3421-4246 / 3421-4510 – Recife

RIBEIRÃO PRETO/SÃO PAULO
Av. Francisco Junqueira, 1255 – Centro
Fone: (0XX16) 3610-5843 / 3610-8284 – Ribeirão Preto

RIO DE JANEIRO/ESPÍRITO SANTO
Rua Visconde de Santa Isabel, 113 a 119 – Vila Isabel
Fone: (0XX21) 2577-9494 / 2577-8867 / 2577-9565 – Rio de Janeiro

RIO GRANDE DO SUL
Av. A. J. Renner, 231 – Farrapos
Fone: (0XX51) 3371- 4001 / 3371-1467 / 3371-1567 – Porto Alegre

SÃO JOSÉ DO RIO PRETO/SÃO PAULO (sala dos professores)
Av. Brig. Faria Lima, 6363 – Rio Preto Shopping Center – V. São José
Fone: (0XX17) 227-3819 / 227-0982 / 227-5249 – São José do Rio Preto

SÃO JOSÉ DOS CAMPOS/SÃO PAULO (sala dos professores)
Rua Santa Luzia, 106 – Jd. Santa Madalena
Fone: (0XX12) 3921-0732 – São José dos Campos

SÃO PAULO
Av. Antártica, 92 – Barra Funda
Fone: PABX (0XX11) 3613-3666 – São Paulo

Impressão e Acabamento Assahi Gráfica e Editora.

ISBN 978-85-02-09195-5

CIP-BRASIL. Catalogação na Fonte
Sindicato Nacional dos Editores de Livros, RJ

P829

Políticas públicas e indicadores para o desenvolvimento sustentável / Christian Luiz da Silva, José Edmilson de Souza-Lima, organizadores. - São Paulo : Saraiva, 2010.

ISBN 978-85-02-09195-5

1. Política pública. 2. Indicadores sociais. 3. Indicadores econômicos. 4. Qualidade de vida - Estatísticas. 5. Desenvolvimento sustentável. I. Silva, Christian Luiz da. II. Lima, José Edmilson de Souza.

10-0501.   CDD: 361
                                                            CDU: 364

03.02.10   09.02.10   017464

Copyright © Christian Luiz da Silva, José Edmilson de Souza-Lima
2010 Editora Saraiva
Todos os direitos reservados.

Direção editorial	Flávia Alves Bravin
Coordenação editorial	Ana Paula Matos
	Gisele Folha Mós
	Juliana Rodrigues de Queiroz
	Rita de Cássia da Silva
Produção editorial	Daniela Nogueira Secondo
	Rosana Peroni Fazolari
Marketing editorial	Nathalia Setrini
Arte e produção	Know-how Editorial
Capa	Ideal Propaganda

Contato com o editorial
editorialuniversitario@editorasaraiva.com.br

SaraivaUni

Nenhuma parte desta publicação poderá ser reproduzida por qualquer meio ou forma sem a prévia autorização da Editora Saraiva. A violação dos direitos autorais é crime estabelecido na lei nº 9.610/98 e punido pelo artigo 184 do Código Penal.

Dedico este livro a quem dedico minha vida:
minha esposa Ligia e meu filho Felipe.

Christian Luiz da Silva

Dedico esta obra à Sandra, mulher da minha vida,
e aos meus filhos, Diego e Beatriz.

José Edmilson de Souza-Lima

Sobre os autores

Aline Mary Pereira Pinto da Fonseca – Mestre em Organizações e Desenvolvimento pelo Centro Universitário Franciscano do Paraná (Unifae); professora da graduação em Negócios Internacionais da Unifae; analista de Relações Internacionais.

Ana Maria Coelho Pereira Mendes – Doutora em Serviço Social pela Pontifícia Universidade Católica de São Paulo (PUC-SP); professora do mestrado em Organizações e Desenvolvimento da Unifae; assistente social.

Angelo Guimarães Simão – Mestre em Organizações e Desenvolvimento pela Unifae; especialista em Administração pela Unifae; bacharel em Informática.

Antoninho Caron – Doutor em Engenharia de Produção pela Universidade Federal de Santa Catarina (UFSC); professor do mestrado em Organizações e Desenvolvimento da Unifae; administrador.

Bernardo Patrício Netto – Técnico da Secretaria de Estado do Planejamento e Coordenação; economista.

César Reinaldo Rissete – Mestre em Desenvolvimento Econômico pela Universidade Federal do Paraná; especialista em Produtividade e Qualidade pelo Japan Productivity Center for Socio-Economic Development (JPC-SED) e Japan International Cooperation Agency (Jica); professor adjunto da Escola de Negócios da Universidade Positivo; coordenador de Políticas Públicas do Sebrae-PR; economista.

Christian Luiz da Silva – Pós-doutor em Administração pela Universidade de São Paulo (USP); doutor em Engenharia de Produção pela Universidade Federal de Santa Catarina (UFSC); professor de Economia do Departamento de Gestão e Economia (Dagee) e do Programa de Pós-graduação em Tecnologia (PPGTE) da Universidade Tecnológica Federal do Paraná (UTFPR); líder do grupo de pesquisa em Gestão Pública e Desenvolvimento dessa instituição. Foi professor do Programa de Pós-graduação em Gestão Urbana (mestrado e doutorado) da Pontifícia Universidade Católica do Paraná (PUC-PR); professor convidado de especializações; ex-presidente do Conselho Regional de Economia do Paraná (Corecon-PR); pesquisador do Conselho Nacional de Desenvolvimento Científico e Tecnológico (CNPq) e da Fundação Araucária; autor de dezenas de artigos científicos em revistas e em congressos nacionais e internacionais e de capítulos de livros; economista.

Daniele Farfus – Mestre em Organizações e Desenvolvimento pela Unifae; especialista em Educação pela Universidade Federal do Paraná (UFPR) e em Administração e Desenvolvimento de Recursos Humanos pela PUC-PR; pedagoga pela UFPR; analista técnico sênior do Serviço Social da Indústria (Sesi) do Paraná.

Eduardo Augusto Dreweck Mota – Mestrando em Organizações e Desenvolvimento pela Unifae; especialista em Marketing pela Unifae; professor da Universidade do Contestado, em Santa Catarina; comunicador social.

Fabiano de Castro Rauli – Mestre em Organizações e Desenvolvimento pela Unifae; Master of Business Administration (MBA) em Finanças pelo Instituto Brasileiro de Mercado de Capitais (IBMEC); pós-graduado em Gestão para Instituições de Ensino Técnico e em Gestão de projetos pela UFSC; economista.

Heloísa de Puppi e Silva – Mestre em Organizações e Desenvolvimento pela Unifae; professora da graduação em Economia da Unifae; técnica da Secretaria de Planejamento e Coordenação Geral do Estado do Paraná; economista.

Isis Chamma Doetzer – Mestranda em Organizações e Desenvolvimento pela Unifae; pós-graduada em Direito do Trabalho e Processo do Trabalho pela Academia Paranaense de Estudos Jurídicos (Apej); advogada.

José Edmilson de Souza-Lima – Doutor em Meio Ambiente e Desenvolvimento pela UFPR (Made-UFPR); professor e pesquisador do mestrado em Organizações e Desenvolvimento da Unifae e do doutorado em Meio Ambiente e Desenvolvimento da UFPR; sociólogo.

José Renato Machado Specht – Mestre em Organizações e Desenvolvimento pela Unifae; graduado em Administração de Empresas com ênfase em Gestão de Negócios pelo Centro Universitário Curitiba (Unicuritiba); instrutor do Programa Bom Negócio, da Unifae; consultor.

Julio Cesar de Oliveira Sampaio de Andrade – Mestre em Organizações e Desenvolvimento pela Unifae; especialista em Administração pela Universidade Federal do Rio de Janeiro (Coppead-UFRJ); especialista em Marketing e Propaganda pela Escola Superior de Propaganda e Marketing (ESPM); diretor da Resultado Consultoria de Marketing e Vendas; comunicador social.

Karina Silveira de Almeida Hammerschmidt – Mestre em Enfermagem pela UFPR; mestre em Organizações e Desenvolvimento pela Unifae; especialista em Saúde Coletiva pela PUC-PR; especialista em Administração pela Unifae; enfermeira.

Marcus Santos Lourenço – PhD em Urbanismo pela Universidade de Louisville-EUA; professor do mestrado em Organizações e Desenvolvimento da Unifae; administrador.

Marcus Vinícius Guaragni – Mestre em Organizações e Desenvolvimento pela Unifae; especialista em Gestão da Qualidade e Produtividade pela UFPR; graduado em Engenharia Mecânica pela UFPR e em Administração de Empresas pela Unifae; atuou durante dez anos em cargos de gestão, no Brasil e no exterior, em empresa do ramo automobilístico; empresário; professor universitário e pesquisador na área de Desenvolvimento Sustentável.

Maria Auxiliadora Villar Castanheira – Mestre em Organizações e Desenvolvimento pela Unifae, especialista em Gestão do Terceiro Setor pelo Gife; gestora do Programa Esporte Cidadão Unilever do Instituto Compartilhar-PR; conselheira do Centro de Ação Voluntária de Curitiba; licenciada em Educação Física; economista.

Moisés Francisco Farah Junior – Doutor em Engenharia de Produção pela UFSC; mestre em Tecnologia pela UTFPR; professor da graduação e pós-graduação; coordenador de Integração Regional da Secretaria Estadual de Planejamento e Coordenação Geral; pesquisador na área de Desenvolvimento Sustentável; economista.

Paulo Roberto Socher – Mestrando em Organizações e Desenvolvimento pela Unifae; Master of Business Administration (MBA) em Gestão de Projetos; especialista em Gestão de Obras Públicas; consultor técnico do Instituto Municipal de Administração Pública (Imap), de Curitiba; engenheiro civil.

Paulo Sérgio Sant'Anna Jurec – Mestrando em Organizações e Desenvolvimento pela Unifae; pós-graduado em Controladoria pela UFPR; bacharel em Economia e em Ciências Contábeis.

Simone Wiens – Mestre em Organizações e Desenvolvimento pela Unifae; professora da Unifae, licenciada em Matemática.

Thalita Mayume Sugisawa – Mestre em Organizações e Desenvolvimento pela Unifae; pós-graduada em Administração em Negócios Internacionais pela Unifae; bacharel em Relações Internacionais.

Wagner Rodrigo Weber – Mestre em Organizações e Desenvolvimento pela Unifae; sócio e consultor da Trier Assessoria; professor da Unifae; administrador.

Contato com os autores:
clsilva@editorasaraiva.com.br

Apresentação

Este livro está estruturado em duas partes. A primeira, composta por quatro capítulos, preocupa-se com aspectos conceituais acerca das políticas públicas e dos indicadores. A segunda, com três capítulos, apresenta uma avaliação comparativa da sustentabilidade.

Nessa perspectiva, o livro reúne sete capítulos com análises que aproximam políticas públicas e indicadores, todos derivados de pesquisas recentes do Programa de Pós-graduação em Gestão Urbana (mestrado e doutorado) da Pontifícia Universidade Católica do Paraná (PUC-PR) e do Programa de Pós-graduação em Organizações e Desenvolvimento (mestrado) do Centro Universitário Franciscano do Paraná (Unifea). Assim, um dos principais objetivos deste livro é ampliar o debate em torno das possíveis articulações entre políticas públicas e indicadores com vista ao desenvolvimento sustentável.

No primeiro capítulo – Políticas Públicas, Desenvolvimento e as Transformações do Estado Brasileiro –, é realizada uma reflexão que articula políticas públicas, desenvolvimento e ação do Estado. O objetivo é apontar e desvelar possíveis relações e articulações existentes entre políticas públicas, Estado e desenvolvimento. Para tanto, o capítulo contextualiza as determinações que constroem um Estado nacional a partir do paradigma oficial internacional para esse reconhecimento. O debate recorre à Teoria da Elite e a algumas abordagens do Estado para demonstrar que, a despeito dos históricos obstáculos, as transformações forçadas e recentes do

Estado brasileiro, em conjunto com o fortalecimento da sociedade civil, impactaram positivamente algumas políticas públicas que, assim, se tornaram capazes de promover inclusão e, portanto, desenvolvimento com pretensões sustentáveis.

O segundo capítulo – Indicadores, Políticas Públicas e a Sustentabilidade – introduz o debate em relação à sustentabilidade. Entre os meios de alcance da sustentabilidade, cita-se uma das revelações do comportamento humano: o Estado, ao realizar as políticas públicas. A política pública é um exercício do setor público, o qual devolve para a população as contribuições que ela realiza pelo pagamento de impostos, alíquotas, taxas e tarifas. Os retornos são soluções de problemas sociais, econômicos, ambientais, entre outros, demandadas pela população e alcançadas pela atividade dos órgãos públicos. Assim, é necessário identificar os problemas, traçar estratégias para solucioná-los, estabelecer objetivos a serem atingidos, monitorar o alcance destes e verificar a eficiência da política pública para atendê-los. Desse modo, propõe-se uma breve reflexão, com base no pensamento da sustentabilidade, sobre o uso de indicadores – o que permite verificar quais vertentes da sustentabilidade estão sendo atingidas, como o amadurecimento sustentável, o processo de formulação de políticas públicas e as dimensões social, espacial, ambiental, cultural e econômica da sustentabilidade – e sobre as políticas públicas.

O terceiro capítulo – Indicadores: conceitos e aplicações – explica que a complexidade das realidades locais, distritais, municipais, metropolitanas – espaços que se ajustam e conflitam problemas socioambientais tão distintos, como a ausência de saneamento básico e o risco químico, os cidadãos e os clandestinos, os sobreviventes do trabalho e do lixo etc., – coloca a urbanização em xeque. Essa realidade leva a se repensar o desenvolvimento urbano e sustentável. Nesse capítulo são apresentados alguns conceitos de indicadores de desenvolvimento sustentável e suas aplicações, cuja importância reside no fato de haver alguns aspectos voltados para um município sustentável, como programas destinados à preservação ambiental, econômica e social e à importância da monitoração do aspecto sustentável. As aplicações de indicadores desse desenvolvimento, apresentadas nesse capítulo, são correspondentes à cidade de Seattle, nos Estados Unidos, à Fundação Gaia, na Ilha de Malta, e à cidade de Curitiba, no Paraná. Os conceitos e as aplicações são considerados importantes fatores que ajudam a comunidade a ter acesso a informações fundamentais sobre o desenvolvimento e todas as dimensões sustentáveis. A sociedade tem necessidade de trabalhar com ferramentas eficientes que orientem o processo decisório e as políticas públicas do local em questão.

No quarto capítulo – Instrumentos de Gestão Pública –, é tratado o processo de participação do Estado, o qual tem a responsabilidade de utilizar, da melhor forma, os recursos e os instrumentos disponíveis para atender a população. Trata-se do pensar e do agir estrategicamente para suprir tais demandas, uma vez que a identificação dos problemas, a elaboração e a implementação de planos, programas, projetos e ações, e, em especial, o monitoramento, o acompanhamento e a avaliação dessas etapas conformam o processo de planejamento do Estado. O objetivo desse capítulo consiste na apresentação do amadurecimento das principais ferramentas de gestão pública utilizadas nos últimos anos, enfatizando o Plano Plurianual, a Lei das Diretrizes Orçamentárias, a Lei Orçamentária Anual e a Lei de Responsabilidade Fiscal, pois conhecer e analisar o processo de planejamento reflete na consolidação e no amadurecimento da gestão pública do Estado.

O quinto capítulo – Indicadores de Desenvolvimento Sustentável que não Geram Índices – explica que, no cenário do desenvolvimento sustentável, não é raro defrontar-se com a ideia da falta de iniciativas oficiais que demonstrem a preocupação com o tema. A proposta desse capítulo é apresentar algumas iniciativas contemporâneas que subsidiam e querem influenciar as ações públicas concorrentes para tal fim, a partir da apresentação de quatro grupos de indicadores, que têm em comum a característica de não serem agrupados em índices: o Four Capitals Model (4KM) e o European Common Indicators, que são internacionais, e os Indicadores de Sustentabilidade do IBGE e os Indicadores de Qualidade de Vida de Curitiba, que são nacionais. Eles cobrem iniciativas nos âmbitos regional, internacional, nacional e municipal, respectivamente. Mais do que a discussão sobre as vantagens ou desvantagens dos indicadores, o propósito é destacar que tais grupos se propõem a ser instrumentos de definição, de influências direta ou indireta e de monitoramento de ações públicas para contribuir com o desenvolvimento sustentável.

O sexto capítulo – Índices para o Desenvolvimento Sustentável – busca apresentar os conceitos e as aplicações de indicadores, bem como sua relevância para o monitoramento e mensuração dos resultados obtidos por meio do desenvolvimento de políticas públicas alinhadas com a proposta de um desenvolvimento de características mais sustentáveis. Busca-se, ainda, caracterizar a aplicação dos indicadores na gestão pública como uma importante ferramenta para a promoção do diálogo entre os diferentes atores da sociedade, com o intuito de ampliar o entendimento destes em relação aos fenômenos que ocorrem no meio em que habitam. Nesse capítulo, é realizada uma rápida revisão sobre conceitos que envolvem índices e indicadores, sendo, na sequência, apresentados o Índice de Desenvolvimento Humano (IDH), o Índice de Exclusão Social (IES), o Índice Planeta Feliz – The Happy Planet Index (HPI), o Índice de Condição de Vida (ICV) e o Índice de Qualidade do Meio Ambiente (IQMA), além dos seus conceitos, das inter-relações e de exemplos de aplicação em políticas públicas. Como resultado final, buscou-se caracterizar a importância da construção de um sistema de indicadores baseado na seleção e na composição de um conjunto de indicadores orientados para o acompanhamento dos resultados obtidos no exercício de políticas públicas, bem como para a promoção do diálogo com a sociedade para as quais elas são desenvolvidas.

O sétimo capítulo – Indicadores Institucionais para o Desenvolvimento Sustentável – explica que o debate em torno do desenvolvimento sustentável tem se destacado no cenário global assim como o detalhamento de suas especificidades. Os indicadores de sustentabilidade geram dados que possibilitam monitorar, gerenciar, definir ações e reconhecer efeitos e causas em situações nas áreas econômica, social, ambiental, cultural e política. Nesse capítulo, os indicadores abordados – o Global Report Initiative (GRI), o Genuine Progress Indicator (GPI) e o Policy Performance Indicator (PPI) – contemplam a dinâmica institucional. Com o objetivo de compreender o conteúdo desses indicadores e a viabilidade de sua complementaridade para a formulação de políticas públicas, eles serão descritos e detalhados de acordo com os princípios da teoria do desenvolvimento sustentável.

Com isso, espera-se avançar no debate referente à efetividade das políticas públicas, o que demanda a sustentação em informações cada vez mais estruturadas e dedicadas à compreensão da realidade do contexto local para se inserir no projeto de desenvolvimento sustentável de cada região. Trata-se de uma árdua tarefa, que demanda entrelaçar a discussão teórica com as aspirações e os contextos da comunidade para estabelecer o efetivo avanço sincronizado em um projeto de desenvolvimento.

Os organizadores

Sumário

PARTE I POLÍTICAS PÚBLICAS E INDICADORES: UMA DISCUSSÃO CONCEITUAL

1 Políticas públicas, desenvolvimento e as transformações do Estado brasileiro
3

2 Indicadores, políticas públicas e a sustentabilidade
35

3 Indicadores: conceitos e aplicações
55

4 Instrumentos de gestão pública
69

PARTE II AVALIAÇÃO COMPARATIVA DE INDICADORES DE SUSTENTABILIDADE

5 Indicadores de desenvolvimento sustentável que não geram índices
93

6 Índices para o desenvolvimento sustentável
117

7 Indicadores institucionais para o desenvolvimento sustentável
161

PARTE I

POLÍTICAS PÚBLICAS e indicadores:
uma discussão conceitual

CAPÍTULO 1

Políticas públicas, desenvolvimento e as transformações do Estado brasileiro

Ana Maria Coelho Pereira Mendes
José Edmilson de Souza-Lima
Karina Silveira de Almeida Hammerschmidt
Marcus Santos Lourenço
Marcus Vinícius Guaragni

Sumário

Resumo – Introdução – 1.1 Contextualização do Estado nacional: origens e desenvolvimento da política pública – 1.2 Teorias do poder – 1.2.1 A Teoria do Pluralismo – 1.2.2 A Teoria do Regime – 1.2.3 A Teoria da Elite – 1.2.4 As políticas públicas e a Teoria da Elite – 1.3 Formas de atuação do Estado – 1.3.1 Estado protecionista – 1.3.1.1 Outros mecanismos de proteção – 1.3.1.2 Argumentos a favor e contra o protecionismo – 1.3.2 Estado liberal e neoliberal – 1.4 Instituições democráticas e governabilidade no Brasil – 1.5 Políticas públicas e desenvolvimento no Brasil – 1.6 A transformação do Estado brasileiro e seus efeitos nas políticas públicas – Considerações finais – Referências.

Resumo

O objetivo deste capítulo é apontar e desvelar possíveis relações e articulações existentes entre políticas públicas, Estado e desenvolvimento. Para isso, serão contextualizadas as determinações que constroem um Estado nacional a partir do paradigma oficial internacional para esse reconhecimento. O debate recorre à Teoria da Elite e a algumas abordagens do Estado para demonstrar que, a despeito dos históricos obstáculos, as transformações forçadas e recentes do Estado brasileiro, em conjunto com o fortalecimento da sociedade civil, impactaram positivamente algumas políticas públicas que, assim, se tornaram capazes de promover inclusão e, portanto, desenvolvimento com pretensões sustentáveis.

INTRODUÇÃO

Políticas públicas podem ser definidas como todas as ações de governo e podem ser divididas em atividades diretas de produção de serviços pelo próprio Estado e em atividades de regulação que influenciam as realidades econômica, social, ambiental, espacial e cultural (LUCCHESE, 2004). As políticas variam de acordo com o grau de diversificação da economia, com a natureza do regime social, com a visão que os governantes têm do papel do Estado no conjunto da sociedade e com o nível de atuação dos diferentes grupos sociais, como partidos, sindicatos, associações de classe e outras formas de organização social (BOBBIO; MATTEUCCIO; PASQUINO, 1993; SANDRONI, 1994).

Cabe ressaltar que as políticas públicas se materializam por intermédio da ação concreta de sujeitos sociais e de atividades institucionais que as realizam em cada contexto e condicionam seus resultados. Por isso, o acompanhamento dos processos pelos quais elas são implementadas, além da avaliação de seu impacto sobre a situação existente, devem ser permanentes.

Nessa abordagem, e no contexto da realidade brasileira, cabe refletir sobre como são desenvolvidas as políticas públicas, principalmente as locais (municipais), e que relação estabelecem com a condição de vida dos cidadãos. Acredita-se que as ações e os serviços precisam ser planejados e programados concomitantemente com as necessidades da população e de acordo com as condições de vida da realidade local a qual estão sendo desenvolvidas. Essas reflexões, ainda que difíceis, pela variedade de fatores que influenciam direta e indiretamente, devem ser consideradas. Não se pode apenas planejar políticas públicas sem antes avaliar a necessidade local. Ações planejadas e organizadas poupam recursos e, na maioria das situações, são resolutivas.

Esta abordagem propicia um planejamento e uma execução de políticas públicas locais que utilizam os recursos naturais existentes sem prejudicar o ambiente de vida, criando situações de saúde e evitando problemas ecológicos, muitas vezes, irreversíveis.

Um dos quesitos necessários para obtenção de sucesso com as políticas públicas é realizar planejamentos estratégicos que avaliem tanto a complexidade quanto a relevância dessas ações. Sob o aspecto ético, não se deve aceitar que sejam planejadas e organizadas ações políticas que aumentem as diferenças socioeconômicas, esgotem os recursos naturais, poluam os espaços naturais e construídos ou não melhorem as condições de vida. Ao contrário, exige-se um planejamento estratégico de ações públicas que envolva o desenvolvimento sustentável em sentido amplo, que atenda às demandas sociais da população, inclusive a dos excluídos, e melhore as condições de vida.

Nesse sentido, buscar um entendimento básico das políticas públicas brasileiras e de suas possíveis articulações com o desenvolvimento, a médio e longo prazos, exige não apenas o estudo do processo político e social do Brasil no século XX mas também uma análise das tendências e das forças externas que impulsionam e limitam o processo de elaboração e de implementação dessas políticas.

O processo de formulação e de implementação de políticas públicas é eminentemente político devido a determinados grupos sociais que, para verem executadas as ações públicas de seus interesses, exercem influência sobre os tomadores de decisões governamentais.

Suspeita-se que a maioria das pessoas, ao ser indagada, concordaria com o fato de que as políticas públicas são assunto de Estado e responsabilizaria, em particular, o Poder Executivo Federal pela execução de políticas econômicas e sociais. Isso ocorre com frequência em países como o Brasil, em que a maioria das instituições e das práticas democráticas é recente, e a sociedade civil está culturalmente acostumada a transferir para o governo a responsabilidade de determinar os rumos das políticas da nação. Nesses países, a ação civil, em geral, é limitada ao voto.

Em termos conceituais, políticas públicas são produtos de um intrincado processo de pressões políticas exercidas por grupos da sociedade civil, bem organizados e influentes politicamente, e das predisposições políticas do governo em se sensibilizar acerca dessas pressões. Esses grupos são detentores de agendas bem desenvolvidas e de redes de comunicação estabelecidas que permitem influenciar os tomadores de decisões dos Poderes Executivos a alocarem recursos e executarem políticas públicas de governo nos três níveis de poder: o federal, o estadual e o municipal.

Muitos cidadãos de democracias novas sentem-se, no processo democrático, desprovidos de voz, visto que não dispõem de mecanismos que lhes possibilitem influenciar o processo de decisão. Isso se dá em virtude da falta de instituições democráticas fortes, capazes de fazer prevalecer as prioridades determinadas pelos vários segmentos sociais. O resultado prático desse processo é a implementação de políticas públicas alicerçadas em interesses estreitos, porém bem representados, em detrimento das necessidades da maioria da população, indo de encontro à democracia plena.

Pode-se afirmar com alguma margem de segurança que o Brasil não apresenta ainda uma tradição democrática no estabelecimento de políticas públicas de governo. Constata-se, então, após uma análise das políticas públicas brasileiras atuais e anteriores, que essas apresentam características precárias no que se refere à sustentabilidade, a médio e longo prazos, em função da ausência de participação da maioria da sociedade civil na elaboração das políticas de desenvolvimento econômico, social, ambiental etc. A ausência de processos consistentes em termos democráticos, nos contextos de elaboração dessas políticas, faz prevalecer as incapacidades de satisfação da maioria da população, gerando tensões sociais que revelam profundas necessidades de mudanças.

As eleições e reeleições de Fernando Henrique Cardoso (FHC) e Luiz Inácio Lula da Silva criaram uma grande expectativa na população do País, e também no mundo, para mudanças estruturais na forma como o Governo Federal brasileiro elaboraria e implementaria políticas públicas. Observou-se, a partir desse novo alinhamento da política brasileira, um maior esforço por parte do governo em incluir uma maior parcela da população nas etapas de elaboração de suas diretrizes. Ações concretas, como a exigência de audiências públicas e de *accountability* dos responsáveis por essas políticas, resultaram em uma melhora qualitativa na maneira como os governos buscavam atender aos anseios da população.

Contudo, apesar das condições institucionais favoráveis ao desenvolvimento dessas políticas, cada vez mais, no cenário político do País, os governos locais, com seus orçamentos seriamente comprometidos, são os responsáveis pela elaboração e pela implementação de políticas públicas locais que vislumbrem um futuro mais promissor para os brasileiros e para o Brasil, tanto na perspectiva socioeconômica quanto na ambiental.

Eis um momento oportuno para investigar os processos pelos quais as políticas públicas governamentais são desenvolvidas e implementadas, suas características e objetivos e os grupos sociais que as apoiam e delas se beneficiam.

Desse modo, este capítulo visa analisar como se desenvolve, no Brasil, o processo de elaboração e de implementação de políticas públicas e quais são suas formas atuais. Mais importante, o capítulo pretende averiguar, no bojo das transformações do Estado brasileiro, as possibilidades e os caminhos possíveis para a elaboração e a implementação de políticas articuladas à temática do desenvolvimento com pretensões sustentáveis.

O capítulo está estruturado da seguinte forma: além da introdução e das considerações finais, é constituído por outras seis seções. A primeira contextualiza a construção do Estado nacional a partir do paradigma internacional, refletindo sobre tais determinações nas condições históricas desse processo no Brasil. A segunda seção contém algumas das teorias do poder, entre as quais, a Teoria do Pluralismo, a Teoria do Regime e a Teoria da Elite, essa última parece ser a mais adequada para pensar as políticas públicas no Brasil. A terceira apresenta duas formas de atuação do Estado moderno: a atuação dentro de uma lógica protecionista ou mais intervencionista e a atuação dentro de lógicas caracterizadas como liberais ou neoliberais. Cada uma dessas formas de atuação do Estado faz emergir determinadas políticas públicas e determinados tipos de desenvolvimento. Na quarta, são apresentadas algumas articulações entre as instituições democráticas e a governabilidade brasileira. Na quinta seção, são apresentadas as possíveis articulações entre políticas públicas e desenvolvimento. E, por fim, a sexta assinala algumas relações entre a transformação do Estado brasileiro e seus efeitos nas políticas públicas.

1.1 CONTEXTUALIZAÇÃO DO ESTADO NACIONAL: ORIGENS E DESENVOLVIMENTO DA POLÍTICA PÚBLICA

O modelo de Estado nacional desenhado na Europa, no século XIX, para ter reconhecimento dos organismos internacionais, foi caracterizado por uma mesma língua oficial, um hino pátrio e uma bandeira. No entanto, a construção desse Estado-nação emergiu sobre a diversidade dada pelas tribos, etnias e culturas que habitavam historicamente todas as regiões do planeta. Essa homogeneização – mesma língua, hino e bandeira – tende a sobrepor-se à diversidade étnica, composta por, segundo Coelho (2007), raças, cores e sabores.

Reportando-se às condições internacionais sobre a construção de Estados nacionais, o caso da Escócia, que compõe o Estado do Reino Unido, mas que reivindica uma nação separada para constituir um Estado próprio, é um exemplo de luta pela identidade nacional. Já a Catalunha decidiu em plebiscito não formar um Estado-nação, embora se reconheça como uma nação diferenciada da Espanha, inclusive com a manutenção de língua própria, permanecendo, assim, em um Estado legítimo, mas também como ilegítimo (não formalmente). Nações sem Estado e Estados sem nação ocorreram também por ocasião da anexação revolucionária em uma demarcação única do Estado Soviético, que nunca conseguiu formar um Estado-nação. A nação russa dominava todas as outras etnias, mas nunca teve a supremacia absoluta. A ex-Iugoslávia era um caso de Estado sem nação.

Nenhuma nação indígena tem reconhecimento na Organização das Nações Unidas (ONU), para a qual o Estado nacional é uma unidade de poder político na esfera internacional. Estar organizado na forma de Estado é uma condição para ter assento em organismos internacionais (a Catalunha, a Escócia, a cidade de Québec, no Canadá, não têm cadeira na ONU). O Estado é eleito como a única forma de legitimação política internacional determinada pelos europeus, e esta categorização nunca foi revista. O reconhecimento internacional do Estado nacional lhe outorga a consideração de poder de Estado como estratégia fundamental de unificação dos territórios por meio da anexação e da conquista, como o mantenedor de suas fronteiras, via monopólio da violência.

As regras internacionais de formação de Estados nacionais acabam constituindo Estados legítimos e ilegítimos, dado que este último é o que se constrói sem nação, pois, em seu solo oficial, abrigam-se diversas nações. O Estado brasileiro tenta criar uma nação por cima de outras, e isso o torna ilegítimo. Já o Estado alemão é legítimo porque coincide com a nação – que já existia e é anterior à criação do Estado. As etnias de alguma forma se reuniram para construir uma nação que precedeu a formação do Estado. O direito sanguíneo determina a nacionalidade alemã por descendência direta, como filho, neto e bisneto, para ser considerado alemão. O direito de solo arrebanha cidadãos por nascimento no solo do Estado-nação, como no caso da França e do Brasil, países em que a cidadania é dada pela incorporação da identidade do Estado.

O Estado político oficial discrimina outras línguas, diferentes rituais de casamento que não aqueles reconhecidos pela justiça e religião oficiais, nomes cristãos e sobrenomes construídos pelas regras de composição familiar, além do sistema de educação determinado pelo órgão público. Todos esses aspectos são estratégias de organização de nações em forma de Estado.

Estado ilegítimo é aquele que inclui em seu território diferentes nações ou partes de outras. Entre seus efeitos potenciais dessas nações ou parte de nações, está o fato de que podem anular as diferenças de seus territórios mediante a aniquilação de culturas minoritárias com a dominação de uma cultura principal oficial. Como o cidadão comum não teve acesso à definição das regras, ele pode se sentir estrangeiro dentro de seu próprio país, alheio ao Estado oficial e às regras elaboradas à sua revelia. São as chamadas minorias nacionais que formam as nações sem Estado e que resistiram às políticas de homogeneização, mas que não têm poder e reconhecimento de Estado eleito como maioria nacional.

Ressalte-se que a categoria "minoria" é diferente de "grupo étnico". As minorias nacionais decorrem de incorporações de culturas que desfrutavam de autogoverno e estavam territorialmente concentradas em um Estado maior. São os casos dos diferentes quilombolas, de todas as nações indígenas nativas do território brasileiro etc. Portanto, nação significa uma comunidade histórica, completa institucionalmente, que ocupa um território ou uma terra natal determinada e que compartilha uma língua e culturas diferenciadas.

O Brasil é um Estado que contém mais de uma nação, já que, neste caso, tem-se o idioma português imposto como língua oficial, se desconhece o Estado-nação para outras nações aqui existentes e sua consolidação se iniciou quando o imperador declarou guerra a outras línguas e símbolos e não reconheceu outras nações no solo dito nacional. A partir desse momento, o Estado começa a exercer o controle e impor regras de uniformidade.

Como todo esse controle não consegue extinguir particularidades das diversas nações, o Estado constrói as políticas que visam à homogeneização – são as políticas públicas. Os nativos brasileiros se autodeclaram brasileiros devido à força do processo dominante do Estado.

Os meios de comunicação e da educação são sistemas de controle para a homogeneização da população, visto que as datas nacionais direcionam a cultura dominante, mesmo que esta, necessariamente, não tenha o maior número de componentes, como a língua, a grafia, o credo religioso etc. Ainda que tardiamente, o Estado brasileiro reconheceu a diversidade religiosa, e os concursos públicos não são mais realizados aos sábados para respeitar os adventistas.

A cultura afro-brasileira ainda é vista como exótica, e não como manifestação de uma cultura distinta de nações diferentes. Nas escolas de quilombos e dos nativos, ensina-se sempre em português, segundo o que determina a Constituição Federal. Embora a Constituição brasileira reconheça a diversidade linguística, ela obriga o ensino pela língua portuguesa, autorizando também a utilização da língua nativa como segundo idioma. A universalização da língua portuguesa no Estado nacional é muito forte.

Os Estados poliétnicos decorrem do pluralismo cultural formado por diferentes grupos imigrantes. Os alemães são diferentes dos índios, nativos do solo brasileiro. Para os alemães que aqui vivem, a pátria é o Brasil, mas a sua nação é a Alemanha. Isso demonstra o equívoco de Getúlio Vargas ao não diferenciar o que era pátria e o que era nação para os imigrantes alemães, proibindo, então, a língua alemã (embora mantivessem a arquitetura, a alimentação e a língua no âmbito privado). Nação e cidadania são dois conceitos diferentes e isso não está em choque. Um Estado sem nação é um Estado projetado arbitrariamente, ignorando a diversidade. Para tanto, usa a violência para se legitimar.

A compreensão atual do Estado brasileiro aponta para o multiculturalismo, que é um termo amplo e que engloba uma séria de grupos culturais e todo tipo de diferença. Diferencia-se de movimentos sociais, ou seja, movimentos gays, de mulheres, pobres – que são marginalizados dentro de sua própria sociedade ou de seu grupo étnico.

Multiculturalismo, apresentado em uma perspectiva de categoria teórica, dá sentido às relações sociais como uma filosofia oposta ao monoculturalismo – de uma única cultura transformada e homogeneizada. Na monocultura, a realidade é construída em oposição à naturalidade das diferenças, e todos se veem de modo igual. Entretanto, como não existe algo que se afirme e que não seja desvendado do real e da verdade, também existem percepções e verdades relativas, ou seja, uma das interpretações possíveis de uma determinada realidade. Tudo se baseia na relação entre pessoas e coisas, sempre se construindo na realidade em construção e variando o olhar das personagens que a criam.

A arena política é o lugar que demarca a realidade da variação do discurso público nos interesses do Estado: Lula não é sindicalista, mas, sim, presidente; FHC não é sociólogo, mas presidente. Contextualizar não dá a dimensão de uma contradição. Ao contrário, desvela uma realidade que emerge de outras demandas. Entretanto, foi a subjetividade do sindicalista e do sociólogo que deu a dimensão das expectativas dos interlocutores, tornando a verdade relativa, fundamentada em uma história pessoal ou em convenções coletivas. Assim, tal julgamento só faz sentido no interior de uma configuração específica, mediatizada pela linguagem e segundo uma formação discursiva.

O conhecimento advindo da função de mandatário supremo do Estado nacional é um fato político, pois o que ele escolhe para conhecer é decorrente de uma definição política condicionada que expressa correlações de forças incidentes sobre o cargo e sobre o processo decisório que lhe dará ferramentas de governança para a governabilidade.

Para a ampliação do espaço público, os movimentos sociais, ou grupos sociais, considerados excluídos, como os movimentos das mulheres, dos idosos, dos doentes mentais etc., desse espaço devem reivindicar sua participação. Isso amplia a heterogeneidade do espaço público devido ao acesso de novas personagens, portadoras de culturas e reivindicações diversas, o que desagrega a homogeneidade desse espaço. É a transformação do espaço público para o privado, com a invasão de fatores socioculturais. O movimento das mulheres conseguiu uma delegacia de mulheres, caracterizando conquistas de movimentos privados que se tornaram públicos. Como modelos de espaço social, também houve mudanças com as cotas de negros e outros grupos com cidadania diferenciada. Coelho (2007) entende que os espaços diferenciados recompõem minimamente a falta de condições históricas dos excluídos em relação à socialização das conquistas públicas, pois lutam em uma arena comum, mas em condições desiguais: seria como colocar dois lutadores, um que come e outro famélico, para lutarem entre si. Não se têm direitos iguais para todos porque as pessoas não são iguais. O Estado tem que contemplar a mulher que engravida com programas e políticas diferenciadas, já que o homem não passa por esse processo de gestação. Isso é uma cidadania diferenciada.

Os programas de políticas públicas compensatórias servem para suprir uma demanda de exclusão histórica e para alterar esse quadro discriminatório.

São programas com características temporárias e focalizados em grupos discriminados. Tais grupos enfrentam a imagem preconceituosa de naturalidade e a falta de esforço pessoal. Então, qual o objetivo das ações afirmativas para negros quilombolas e índios? Eles não são integrantes da sociedade brasileira, na qual há a predominância da cultura racista e eurocêntrica. A discussão das cotas contrapõe a noção de privilégio *versus* meritocracia. Mas essa política tem o caráter de compensar discriminações passadas e permitir a abertura de uma inclusão social. Não é uma questão só de desigualdade social e econômica, e sim de acato à diversidade, pois igualdade para todos significa todos terem as mesmas coisas; dar condições de vida às pessoas de acordo com os seus interesses, ainda que estas sejam diferentes. Essa é a novidade da nova agenda de governo: a preocupação com a diversidade, pois a igualdade é dominadora, o que não quer dizer que o acesso aos programas compensatórios possa promover a contaminação de uma dada cultura. Na cultura indígena, dar salário-maternidade para o índio ou mesmo pensão para o idoso indígena pode converter-se em sistema de vida, no qual a subvenção serve para alterar a rotina (há nações indígenas cadastradas para receberem a cesta básica, mas a Fundação Nacional do Índio (Funai) percebeu que isso destruiria o cotidiano do povo e não autorizou a distribuição, visto que eles vivem da caça e da lavoura de subsistência). É uma política que torna igual o desigual, e democracia, nesse sentido, é ditadura da maioria. Deve-se considerar que votação da maioria bem organizada não é consenso.

1.2 TEORIAS DO PODER

1.2.1 A TEORIA DO PLURALISMO

A Teoria do Pluralismo tem sido o paradigma dominante usado para explicar a distribuição do poder na sociedade norte-americana (JUDGE et al., 1995). No modelo pluralista, o poder está fragmentado e descentralizado, e as desigualdades estão dispersas na sociedade, pois há o pressuposto de que os grupos têm a capacidade de articular suas demandas, mesmo que estas não sejam atendidas.

Uma rápida revisão das principais características do pluralismo torna evidente que o modelo de distribuição do poder político no Brasil não apresenta essas características gerais. Sabe-se que o poder político brasileiro tende a ser concentrado em pequenos grupos sociais que há tempos dominam os principais meios de produção, principalmente o capital (SANTOS, 2001). As desigualdades em nossa sociedade não podem ser consideradas dispersas porque tendem a se concentrar ao redor de grupos sociais específicos, que historicamente suportam o peso da falta de políticas públicas que os habilitem à mobilidade social ascendente, sem a possibilidade de influenciar essas mesmas políticas, e muito menos mudá-las.

Nesse sentido, mesmo admitindo que o modelo do poder político brasileiro não se enquadra nas formulações da teoria pluralista do poder, a contribuição dessa teoria é importante para entender qual será a direção que o nosso modelo político tomará para reverter o quadro de disparidade socioeconômica vivido pela população contemporânea e assumir um caráter mais universalista.

1.2.2 A TEORIA DO REGIME

A Teoria de Regime busca explicar a estrutura do poder por meio da "produção social", buscando enfatizar a interdependência entre forças governamentais e não governamentais que enfrentam desafios econômicos e sociais e focalizar sua atenção nos problemas de cooperação e de coordenação entre esses diferentes atores (STOCKER, apud JUDGE et al., 1995). Essa cooperação cria a capacidade de "governança" política que possibilita a realização de objetivos públicos, além de solidificar a coalizão do regime a longo prazo.

Um aspecto específico da Teoria de Regime é que o segmento empresarial/industrial assume uma posição privilegiada em relação ao Estado, à medida que controla recursos e decisões de investimentos supostamente cruciais para o bem-estar da sociedade. Stone (1993, apud JUDGE et al., 1995) sumariza que, no modelo de regime, as políticas públicas são influenciadas por três fatores: a composição da coalizão (regime) de governo, a natureza das relações entre os membros dessa coalizão e os recursos trazidos para essa coalizão por seus membros.

O modelo descrito anteriormente mostra algumas características presentes no modelo brasileiro de poder. No modelo de regime, assim como no brasileiro, o poder está mais concentrado nas mãos de poucos atores sociais com acesso a grandes quantidades de recursos. Também se assemelha ao nosso modelo o lugar privilegiado dos empresários e dos industriais, que historicamente têm apresentado posição política destacada no cenário nacional, como os barões do café em São Paulo e no Paraná, durante o Império, ou os grandes agronegócios da década de 1990.

1.2.3 A TEORIA DA ELITE

A Teoria da Elite moderna evoluiu durante o século XIX, mas suas raízes remontam à Grécia Antiga. Elitismo pode ser definido como a dependência ou o apoio à liderança de um grupo pequeno e seleto (HARDING apud JUDGE et al., 1995). Essa teoria descreve a estrutura social como uma pirâmide, cujo topo representa um pequeno número de pessoas que exerce determinadas formas de poder, e a base se refere à maioria das pessoas, cujas influências nas formas de poder parecem ser mínimas ou quase nulas. Essa elite dominante é capaz de propor e instituir políticas públicas sem, necessariamente, enfrentar oposição significativa de grupos sociais menos influentes no sistema político.

A concentração de terras produtivas nas mãos de grandes proprietários, por exemplo, ao longo do século XX, criou condições de flagelo no campo e forçou a migração de milhões de brasileiros para as cidades. Esses migrantes engrossaram as fileiras da mão de obra de baixo custo nos centros urbanos e criaram condições para a implantação de um modelo de desenvolvimento excludente e dependente desse operariado barato e abundante. Também é patente, nos modelos de desenvolvimento brasileiro, um viés de crescimento econômico "a qualquer preço", que, muitas vezes, é prejudicial à maioria da população por concentrar, em vez de distribuir, oportunidades e renda (BARRETO apud SANTOS, 2001).

Conquistas recentes da sociedade civil no plano político, principalmente desde a Constituição de 1988, criaram vias de acesso para determinados grupos sociais com poucas influências no sistema político, como as crianças, os jovens, as minorias e as mulheres. A consolidação da democracia e seu amadurecimento possibilitam a formação de grupos sociais da base da pirâmide brasileira para ampliarem espaços no âmbito do sistema político nacional. A inclusão forçada desses grupos no processo de criação e de implementação de políticas públicas para o desenvolvimento cria uma oportunidade de se implantar um modelo de desenvolvimento com características um pouco mais alinhadas aos pressupostos da sustentabilidade. Para tanto, o principal desafio será fazer com que os interesses desses grupos sociais emergentes se unam em torno de uma agenda de desenvolvimento que leve em consideração todos os interesses da sociedade, incluindo os das gerações vindouras (NOVAES apud FREITAS; PAPA, 2003).

1.2.4 AS POLÍTICAS PÚBLICAS E A TEORIA DA ELITE

Das três teorias apresentadas, aparentemente as Teorias do Pluralismo e do Regime, por serem derivadas de realidades muito distintas, são insuficientes para analisar as políticas públicas no Brasil. A Teoria da Elite, ao contrário, parece ser a mais adequada para explicar as possíveis articulações entre as políticas públicas e a estrutura de poder que prevalece no Estado e na sociedade brasileira. Por meio dessa formulação, é possível compreender alguns dos vieses elitistas e excludentes dessas políticas, apreendidas como reflexos de um Estado centralizador e de uma sociedade civil fragilizada e, ainda, com pouca influência sobre os processos de instituição e de implementação de políticas públicas orientadas para o desenvolvimento com pretensões sustentáveis.

1.3 FORMAS DE ATUAÇÃO DO ESTADO

A importância de se estudar o passado reside no fato de que, apesar de o progresso tecnológico ter trazido novos instrumentos, o ser humano pouco mudou, permanecendo com seus desejos de vencer, suas frustrações e suas ambições. No campo da economia, esta verdade fica mais acentuada, pois, caso não se aproveite os conhecimentos do passado, pode-se estar criando problemas sociais de enorme vulto, que podem comprometer a existência da vida humana.

Assim, conforme Maia (2003, p. 64), "... o passado é para o economista um laboratório de experiências bem e malsucedidas. Seu estudo permitirá não repetirmos os erros já cometidos." Segundo Barre (1956, p. 2), a atividade econômica chega a confundir-se com a história da existência humana, devido à luta do homem pela sobrevivência, frente à escassez dos recursos disponíveis para suprir suas necessidades.

Historicamente, o Estado tem assumido papel de participante ativo do processo de desenvolvimento das nações, sendo o definidor dos impostos a serem pagos, da legislação do trabalho e dos regimes aduaneiros, conforme menciona Barre (1956, p. 132).

Uma análise histórica permite que se diga que o Estado, ao longo do tempo, tem assumido duas diferentes formas de atuação, no que diz respeito à sua interação com a sociedade: Estado protecionista e Estado liberal/neoliberal.

1.3.1 ESTADO PROTECIONISTA

Para Maia (2003, p. 109), o protecionismo caracteriza-se pela intervenção do Estado nas definições econômicas do país, tais como política comercial externa e interna e controle das importações e exportações.

A doutrina protecionista teve suas origens no período mercantilista e ganhou novo fôlego a partir do século XVIII (quando chegou a ser denominada neomercantilismo) com estudos publicados por Carey e Patten, nos Estados Unidos, Cauwés e Brocard, na França, e Manoïlesco, na Romênia. Essa doutrina se apoia em argumentos tão diversificados, que coloca, no primeiro plano, as discussões de ordem nacionalista e política, ao misturar aspectos econômicos com aqueles relacionados ao patriotismo.

Segundo Carvalho e Silva (2000, p. 89), o termo "indústria nascente" corresponde a um dos argumentos favoráveis ao protecionismo, referindo-se a uma etapa do desenvolvimento industrial ainda incipiente, na qual as empresas locais não tinham condições de competir com a indústria externa por não ter os benefícios da economia de escala.

Esse argumento, apresentado no final do século XVIII, por Alexander Hamilton, e depois relançado no início do século XIX pelo alemão Friedrich List, sugere que, durante algum tempo, as fronteiras do país estejam fechadas à importação de materiais similares ao da indústria nascente local. Segundo a teoria, as barreiras devem ser eliminadas quando houver uma maior maturidade nas empresas nacionais que as permita competir em mesmo grau de igualdade com as empresas de origem externa ao país.

A aplicação de barreiras às importações não foi abandonada, apesar do final do período mercantilista na segunda metade do século XVIII. Verificou-se que os governos continuaram a intervir na economia com o objetivo de proteger o empresariado nacional dos concorrentes estrangeiros. Com o argumento de desenvolver o país, o Estado gera barreiras alfandegárias e não alfandegárias para a entrada e saída de produtos e serviços. No Brasil, essa política foi largamente empregada por meio do Plano de Metas do Governo Juscelino Kubitschek, entre 1956 e 1961, tendo se prolongado até a década de 1990, no setor de informática.

No caso de importações, o imposto denomina-se tarifa e é cobrado quando a mercadoria entra no país, podendo ser: específico (quando é cobrado um valor fixo, por unidade de produto), *ad valorem* (quando é cobrado um percentual sobre o preço do produto) ou misto (quando é cobrado um montante por unidade do produto, além de um percentual sobre o preço do produto). No Brasil, desde a reforma tarifária de 1957, o sistema predominante passou a ser o *ad valorem*.

Um efeito importante das tarifas sobre a economia reside no fato de que o país tende a se especializar menos no produto com menores vantagens competitivas, pois abrirá mão de sua capacidade de produção desse item para poder suprir suas carências do produto que é mais fraco. Além disso, percebem-se, nas economias que adotam tarifas à importação, os seguintes aspectos: aumento da arrecadação do Estado; redução da eficiência da produção (pois não há estímulo à pesquisa e ao desenvolvimento da produção do bem importado); redução da renda dos trabalhadores; e aumento do déficit do Balanço de Pagamentos. Segundo Carvalho e Silva (2000, p. 65), outro mecanismo de proteção utilizado pelas nações é o uso de subsídios por parte do Estado, visando incentivar as exportações ou desencorajar as importações. Representa, em ambos os casos, a redução de custos para o produtor, que pode ser feita via doação de dinheiro, e a redução de impostos ou financiamentos por meio de taxas de juros menores que as praticadas pelo mercado.

Ainda segundo Carvalho e Silva (2000, p. 67), a maior parte das implicações dos subsídios à exportação é simétrica à da tarifa. Existe, porém, duas diferenças básicas: quando a última gera receitas ao governo e a primeira gera despesas; e quando a última pode causar escassez de bens no mercado, a primeira pode gerar aumento de sua oferta no mercado interno.

1.3.1.1 Outros Mecanismos de Proteção

Existem ainda outros mecanismos de proteção frequentemente utilizados, conforme cita Carvalho e Silva (2000, p. 70-75), como as Quotas de Importação, os Controles Cambiais, a Proibição da Importação, o Monopólio Estatal, as Leis de

Compras de Produtos Nacionais, o Depósito Prévio à Importação, as Barreiras Não Tarifárias e os Acordos Voluntários de Restrição às Exportações (Avre).

A seguir, apresenta-se uma breve explicação sobre cada um dos mecanismos citados.

a) Entende-se por Quotas de Importação as restrições quantitativas impostas sobre o volume ou sobre o valor das importações mediante acordos entre países ou provenientes de decisões unilaterais. De modo similar às tarifas, o sistema das Quotas de Importação eleva os preços do mercado, pois gera uma insuficiência da oferta do bem. A grande diferença entre esse sistema e as tarifas é que estas não geram receitas ao Estado, uma vez que os principais beneficiados são os que podem adquirir os bens no exterior para revendê-los internamente.

b) O Controle Cambial corresponde a restrições administrativas sobre transações que envolvem divisas, podendo ser feitas por meio do emprego de taxas múltiplas de câmbio ou pela restrição às licenças de importação dos produtos.

c) A Proibição da Importação refere-se à forma mais direta de controle, sendo denominado de embargo comercial quando o impedimento se dá por razões de ordem política.

d) O Monopólio Estatal ocorre sempre que o Estado centraliza a importação de determinado produto e impede a atuação de outros agentes no mercado.

e) As Leis de Compras de Produtos Nacionais correspondem a normas definidas pelo Estado, visando impedir a importação de um determinado produto.

f) O Depósito Prévio à Importação diz respeito ao empréstimo ao governo do valor correspondente à importação do bem como forma de retardar o processo de importação e, por intermédio da aplicação dos recursos fornecidos, equilibrar o fluxo de divisas.

g) As Barreiras Não Tarifárias correspondem a restrições impostas pelo funcionamento normal da burocracia e nem sempre visam reduzir a importação, podendo dificultar ou inviabilizar a prática do comércio.

h) Os Acordos Voluntários de Restrição às Exportações (Avre) correspondem a acordos realizados entre governos de vários países com o objetivo de restringir a quantidade de materiais exportados de um país para outro, de modo a atender às pressões de alguns setores específicos dos países importadores, e surgiram em decorrência dos acordos firmados entre os diversos países após o fim da Segunda Guerra Mundial.

Alguns críticos do Estado protecionista ressaltam que a melhor forma de se utilizar eficientemente os recursos disponíveis é o livre comércio – pois não se apoia em barreiras restritivas ou impeditivas. De acordo com esta linha de raciocínio, os ganhos em eficiência decorrentes do livre comércio seriam mais do que suficientes para compensar as eventuais perdas dos que fossem prejudicados. Segundo Carvalho e Silva (2000, p. 84), a escolha de uma determinada política comercial é condicionada pelo poder político, refletindo os interesses dos grupos de importância de maior influência no momento da tomada de decisão.

1.3.1.2 Argumentos a Favor e Contra o Protecionismo

De acordo com Maia (2003, p. 110-111), existem vários argumentos favoráveis e contrários ao protecionismo, conforme será explicitado a seguir.

Alguns argumentos favoráveis a essa postura do Estado são:

- perigos decorrentes da divisão internacional da produção: se há uma guerra ou uma crise econômica mundial, pode haver falta de materiais entre os países. Assim, se internamente o país puder ser autossuficiente, não haverá faltas de material. Isso ocorreu com a crise do café de 1929, quando o Brasil dependia dessa cultura e os Estados Unidos eram os maiores compradores. Como este estava envolvido com a crise, houve queda da demanda, e o Brasil sofreu com isso;
- indústria nacional e economia de escala: a economia de escala das multinacionais permite que se produza a custos menores. No entanto, talvez isso não seja um grande benefício aos consumidores, pois, na indústria nacional – fraca –, não há emprego e, com isso, o dinheiro torna-se escasso para comprar bens, mesmo que estes sejam baratos;

- produção de natureza estratégica: alguns itens são estratégicos ao país. Assim, o Estado deve protegê-lo para que não fique dependente e vulnerável em caso de guerra.

Para Carvalho e Silva (2000, p. 92-93), outra justificativa ao protecionismo refere-se à redução do desemprego, já que, quando se importam produtos, está-se estimulando o nível de produção e, consequentemente, dos empregos no país exportador, em detrimento dos níveis de produção em empregos da nação importadora.

Outro aspecto importante em favor do protecionismo é o estímulo à substituição de importações, que ganhou vigor com as ideias cepalinas. Segundo essas ideias, os países subdesenvolvidos, habitualmente exportadores de produtos primários, estariam em desvantagens ante os países desenvolvidos, exportadores de produtos industrializados, pois, dessa forma, as relações de troca seriam injustas. Assim, a proposta seria de que o Estado pudesse auxiliar a indústria local a se desenvolver a ponto de evitar a importação dos itens industrializados. No Brasil, essas políticas foram amplamente ultilizadas, a partir de 1956, em duas fases distintas, sendo a primeira focada na industrialização extensiva, e a segunda relativa à industrialização intensiva.

Outro argumento ao protecionismo reside no impedimento ao comércio desleal, uma vez que o comércio leal se configura em um dos objetivos das relações comerciais entre países, sendo criticadas as práticas de *dumping*, subsídios e salvaguardas.

Na modernidade, o conceito de *dumping* social ganhou força diante dos países desenvolvidos, nos quais os salários são mais altos, sob o argumento de que os países subdesenvolvidos têm custos salariais menores e, por isso, seriam beneficiados quando de um processo de negociação internacional.

Um outro argumento apoia-se na necessidade de se proteger algumas classes sociais ou segmentos de atividades da concorrência externa, permitindo uma sobrevida a estas. Esse argumento é quase sempre utilizado em discursos de cunho eleitoreiro, de acordo com Barre (1956, p. 675).

Em contrapartida, há alguns argumentos contrários à visão protecionista anteriormente citada, quais sejam:

- acomodação da indústria nacional: o protecionismo atrapalha a indústria nacional, pois esta fica acomodada;
- reserva de mercados e monopólios: o protecionismo permite a formação de monopólios, e isso acaba sendo prejudicial aos consumidores do país.

Apesar das críticas à forma de atuação protecionista do Estado, percebe-se que vários países latino-americanos assumiram posturas protecionistas entre as décadas de 1950 e 1970, resultando em um Estado inchado e onerado.

Na década de 1970, houve um forte crescimento das empresas estatais latino-americanas, que chegaram a ser responsáveis por uma proporção mais elevada do investimento do que em alguns dos países industrializados mais avançados, como França, Suécia e Reino Unido.

Mais recentemente, percebe-se uma diminuição do papel intervencionista do Estado ante as questões econômicas, em particular a partir da inserção das ideias liberais (e neoliberais) do pensamento econômico, sendo que algumas destas estão ilustradas na seção seguinte.

1.3.2 ESTADO LIBERAL E NEOLIBERAL

A origem do termo "liberalismo" vem do latim *líber*, cujo significado remete-se ao termo "livre", numa alusão à filosofia de liberdade, e surgiu como uma contraposição às sociedades monárquicas absolutistas, com um cunho essencialmente político. O liberalismo pode ser interpretado como a liberdade política – aqui entendida como a livre possibilidade de escolha dos governantes por parte da população –, com eleições periódicas que caracterizam um processo democrático.

O liberalismo pode igualmente ser interpretado no sentido da livre entrada e na saída de produtores de bens e serviços, cujos preços são definidos em função da avaliação do mercado, como liberdade econômica e de iniciativa. É importante ressaltar a impossibilidade de dissociação entre o liberalismo político e o econômico, já que o primeiro é condição essencial para que o segundo de fato exista.

De acordo com Stewart Jr. (1988, p. 69), liberalismo é uma doutrina política cujo pressuposto é o de que a maioria das pessoas prefere a abundância à pobreza, sendo que ela está voltada à melhoria das condições de vida da população, por meio da liberdade que garante a inexistência de coerção de indivíduos sobre indivíduos. Ainda de acordo com Stewart Jr. (1988, p. 71), os pilares do liberalismo podem se resumir em liberdade, propriedade e paz, conforme será visto a seguir.

A liberdade pressupõe que não exista restrições à propriedade privada dos meios de produção e que se tenha plena liberdade de entrada no mercado, permanecendo aqueles que detêm a maior capacidade de produzir algo melhor e barato. A propriedade estatal permanece nesse cenário, desde que ocorra uma livre competição junto à iniciativa privada e que não aconteçam favorecimentos às empresas públicas. Por fim, a paz se faz necessária para que não sejam reduzidos os esforços em prol da cooperação social e da divisão do trabalho.

A origem do liberalismo data do final do século XVIII, quando, após o advento do mercantilismo (1500 a 1750), a indústria passou a trabalhar com maquinários muito eficientes para a época, implicando crescimento da produção industrial e automatização dos processos agrícolas. Nesse cenário, houve grande estímulo à migração dos camponeses agricultores (cerca de 90% da população) para as cidades, dando origem a um ambiente propício ao surgimento da teoria do Estado liberal. Em particular na Inglaterra, observou-se ampla possibilidade de desenvolvimento das ideias liberais voltadas à economia, em virtude da liberdade política que emergia na época.

Os primeiros pensadores acerca do ideário liberal foram David Hume, Adam Smith, Jeremy Bentham e David Ricardo, os quais não tiveram a facilidade de esclarecer de modo objetivo os conceitos de liberalismo, fazendo com que seus pensamentos fossem denominados "embriões" do pensamento liberal moderno, quando se assumiu o termo "neoliberalismo" em lugar de "liberalismo".

Mais recentemente, o termo "liberalismo" assumiu nova roupagem, com a denominada Escola Austríaca, em 1947 (representada por Menger, Böhm-Bawerk, Von Mises e Hayek), explicitando, de forma clara, objetiva e consistente, o real conteúdo dessa forma de organização da sociedade, que se denominou neoliberalismo.

Porém, com o advento das ideias keynesianas, que defendiam a intervenção do Estado na economia, as ideias liberais foram parcialmente abandonadas por algumas décadas, durante e após a Segunda Guerra Mundial. As obras de Ludwig von Mises chegaram a ser proibidas, e exemplares foram destruídos no período da Alemanha Hitleriana. Com o pós-guerra, no entanto, pode-se afirmar que o neoliberalismo renasceu como uma contraposição aos regimes totalitaristas europeus, com reflexos em países latino-americanos e asiáticos, até estes primeiros anos do século XXI.

Essa nova forma de organização social assumiu diversas interpretações nesse período, pois, conforme Hayek (1987, p. 43), o neoliberalismo não possui um elemento que o constitua em um credo estacionário, absoluto, com regras fixas e imutáveis.

Como efeito da confusão semântica, percebe-se uma grande dificuldade de compreensão do real significado do conceito de liberalismo ou neoliberalismo, e isso se estende desde os primórdios do uso do termo até os dias atuais.

Um dos primeiros pensadores a se contrapor à interpretação liberal da época foi Ludwig von Mises, em 1927, que chegou a modificar o título de sua obra *Liberalismus* para *The Free end Prosperous Commonwealth,* com o intuito de evitar confusão entre seus leitores. Segundo Von Mises (1987, p. 6-7), o neoliberalismo é uma doutrina racionalista, materialista, racional, igualitária, não excludente e que visa o bem-estar do homem na sociedade.

De acordo ainda com Von Mises (1987, p. 39), apesar de importante ator social, o Estado não deve ser colocado num patamar endeusado, a exemplo das teorias apregoadas por Hegel. No cenário neoliberal, o Estado deixa de ser o detentor poderoso dos meios de produção, passando a ser mais um ator do ponto de vista econômico e um protetor da propriedade privada dos meios, baseado na promoção da paz como ponto de sustentação dos direitos individuais.

Segundo Pazos (1998, p. 60), no cenário atual permeado pela globalização, as disputas comerciais tendem a ser mais bem-sucedidas naqueles países cujos governos têm menos gastos, oferecem serviços com menores impostos e têm menores custos de segurança social.

De modo complementar, Maia (2003, p. 112) cita que o neoliberalismo recente admite algumas intervenções do Estado para evitar problemas para o povo, cabendo ao governo assumir alguns gastos sociais (seguro-desemprego, aposentadoria, assistência médica, educação) e criar barreiras alfandegárias para evitar que produtos estrangeiros entrem nos países apoiados em *dumping*.

Maia (2003, p. 107) propõe alguns argumentos favoráveis ao neoliberalismo, entre os quais, podemos destacar a divisão internacional da produção – os países produzem aquilo que estão mais aptos e trocam os produtos. Em se tratando de comércio internacional, o liberalismo contrapõe-se às ideias protecionistas com o argumento de que, com a imposição de tarifas que possam interferir no comércio internacional, está-se tolhendo a possibilidade de que cada país possa colher os benefícios decorrentes dos recursos naturais disponíveis em seu território.

Por fim, Maia (2003, p. 108) ressalta os seguintes aspectos negativos ao liberalismo:

- a liberdade sem o controle do Estado permite a formação de trustes, cartéis, oligopólios e *dumpings*;
- conflitos de interesses: os interesses das empresas são, por vezes, conflitantes com os do Estado. Enquanto o primeiro se preocupa com o lucro, o segundo se preocupa com emprego, qualidade ambiental e balanço de pagamentos;
- colonialismo: os países desenvolvidos tendem a manter os países subdesenvolvidos como fontes de matéria-prima.

Segundo Sader e Gentilli (1998, p. 12), as ideias neoliberais foram implantadas de duas formas diferentes em territórios inglês e norte-americano. No modelo inglês, Margareth Thatcher implantou o neoliberalismo contraindo a emissão de moeda, reduzindo impostos sobre altos rendimentos, elevando as taxas de juros, abolindo controles sobre fluxos financeiros e privatizando massivamente as empresas estatais.

No modelo norte-americano, de modo análogo ao modelo inglês, houve a redução dos impostos sobre altos rendimentos e a elevação das taxas de juros. Mas as similaridades pararam por aí. A ênfase norte-americana residiu na quebra do poderio soviético, com uma tônica puramente política de caráter anticomunista, implicando forte aumento dos gastos públicos em armamentos e resultando em grande endividamento do Estado.

Na América Latina, a disseminação das ideias neoliberais é decorrente de uma profunda crise fiscal do Estado e é consequência do esgotamento do Estado do bem-estar social nos países em que este se configurou. Suas origens são decorrentes do processo de industrialização substitutiva proposta pela escola cepalina, de acordo com Emir Sader (apud SADER; GENTILLI, 1998, p. 35).

No caso brasileiro, as ideias neoliberais foram facilmente disseminadas devido a dois fatores: um ambiente econômico marcado pela hiperinflação e um forte processo político de democratização pós-regime militar. De acordo com Stewart Jr. (1988, p. 89), no Brasil, o neoliberalismo ganhou força com a criação dos institutos liberais, cuja doutrina se fundamentava em seis pilares: liberdade, propriedade, ordem, justiça, democracia e economia de mercado.

Como reflexo direto das políticas neoliberais adotadas no Brasil, Lourenço (2003, p. 28) cita a eliminação das barreiras não tarifárias nas compras externas (quantitativas e administrativas) e a progressiva redução das alíquotas de importação, conforme ilustrado no Gráfico 1:

Gráfico 1 Alíquotas nominais de importação (1988-2001)

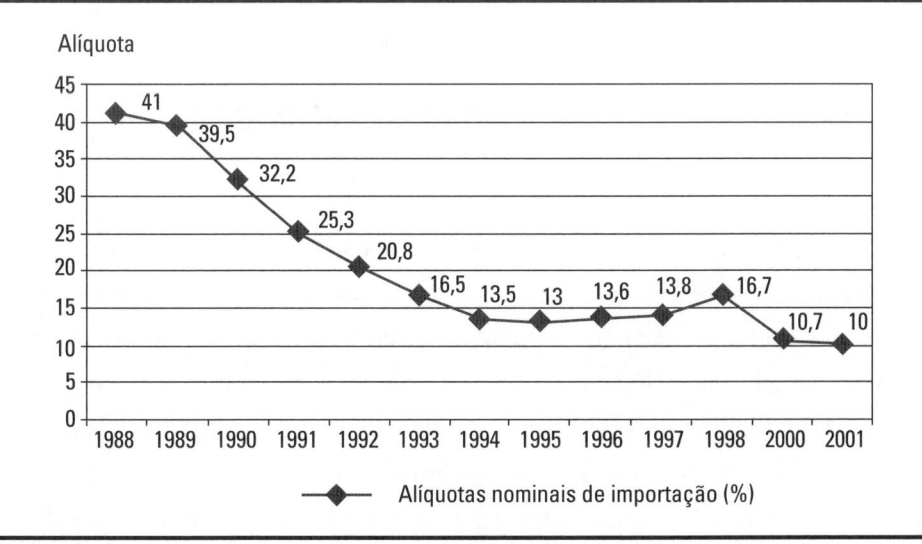

Ano	Alíquota
1988	41
1989	39,5
1990	32,2
1991	25,3
1992	20,8
1993	16,5
1994	13,5
1995	13
1996	13,6
1997	13,8
1998	16,7
2000	10,7
2001	10

Fonte: Ministério do Desenvolvimento, Indústria, Comércio e Turismo.

O escritor Emir Sader (apud SADER; GENTILLI, 1998, p. 37) salienta que, no caso brasileiro, o movimento neoliberal sobreviveu pela absoluta incapacidade da esquerda local em gerar alternativas a esse modelo. No entanto, apesar da retórica de desestatização das ideias neoliberais, percebeu-se, na prática, um aumento da participação do Estado na economia dos países que adotaram as políticas de liberalização.

Sader e Gentilli (1998, p. 15) complementam que dois fatores poderiam explicar o aumento da proporção da participação do Estado na economia: aumento dos gastos sociais com o desemprego e aumento demográfico dos aposentados na população.

No entanto, além da crescente participação do Estado na economia, o balanço das ideias neoliberais mostra que, apesar de alguns bons resultados obtidos isoladamente para determinados indicadores econômicos, os objetivos principais dessa forma de organização social não foram alcançados. As taxas de crescimento das economias dos países da Organização para Cooperação e Desenvolvimento Econômico (OCDE), ao longo da década de 1980, apresentaram resultados absolutamente inexpressivos, muito aquém do ritmo observado nas décadas de 1950 e 1960.

A explicação desse baixo desempenho das taxas de crescimento, ainda segundo Sader e Gentilli (1998, p. 16), reside no fato de que as empresas não reinvestiram seu lucro no próprio negócio, optando pelo mercado financeiro.

1.4 INSTITUIÇÕES DEMOCRÁTICAS E GOVERNABILIDADE NO BRASIL

A consolidação do poder central no Brasil ocorreu durante a década de 1930. Até então, no País, prevalecia o poder das oligarquias regionais que agiam independentemente de um comando centralizado, e, em função dessa descentralização, torna-se complicado falar de políticas nacionais anteriores a esse período (SANTOS, 2001). Também não existiam instituições democráticas da sociedade civil com poder de influenciar nas decisões dessas políticas. Apenas o Congresso Nacional, eleito por uma minoria da população, com direito e acesso ao voto, podia ser considerado instituição com características mais democráticas para tais resoluções.

A ausência de instituições democráticas que pudessem orientar e mediar a implantação de políticas de desenvolvimento resultou em um processo político de cima para baixo, que atendia, essencialmente, aos anseios da classe industrial brasileira, sem levar em consideração as necessidades básicas da população. Inicia-se então, no País, um processo de industrialização, assentado em volta e no interior do Estado – que foi o principal financiador dessa industrialização, em virtude da falta de capital nacional privado capaz de financiar tal empreitada.

Os dois governos de Getúlio Vargas marcaram, no Brasil, o início da preocupação com o desenvolvimento de políticas públicas voltadas para o desenvolvimento da economia. Durante esse período, o Governo Federal estabeleceu sua posição central de criador de agendas de desenvolvimento econômico, circunscrevendo a participação popular. Assim, a disseminação de instituições e de práticas democráticas que garantissem a ampla participação popular no processo de desenvolvimento de políticas públicas não ocorreu.

O efeito da ausência de instituições democráticas e a falta de participação de grupos diversos nos processos políticos resultaram na "[...] desresponsabilização do poder público em relação à questão social" (NOVAES apud FREITAS; PAPA, 2003). As políticas resultantes são fragmentadas e, invariavelmente, em vez de minimizar, tendem a aprofundar os processos de exclusão ao continuar garantindo serviços e benefícios apenas para poucos.

Nesse sentido, as instituições democráticas, teoricamente fundadas para ampliar níveis de governabilidade no Brasil, podem ser entendidas como instituições que exercem papéis contrários aos pressupostos teóricos, agindo como legitimadoras de políticas públicas orientadas exclusivamente às elites, conforme será exposto na seção seguinte.

1.5 POLÍTICAS PÚBLICAS E DESENVOLVIMENTO NO BRASIL

A ausência de instituições democráticas que pudessem influenciar as decisões políticas determinantes do modelo industrial brasileiro ficou evidente na Era Vargas, época em que se iniciou um projeto de desenvolvimento econômico no Brasil. A lacuna existente permitiu que as políticas desenvolvimentistas desse período favorecessem uma parcela pequena da população com o acesso aos representantes do Estado, os quais eram responsáveis pela elaboração das políticas de desenvolvimento econômico. Estas se encerraram com a administração de Juscelino Kubitscheck (JK) e o Plano de Metas. É importante ressaltar que, na Era Vargas, surgiram, no Brasil, os primórdios de uma política social, com a Consolidação das Leis do Trabalho (CLT), e de uma rede de amparo social, apesar de esta estar vinculada, principalmente, aos trabalhadores formais.

O Plano de Metas, na administração JK, representou o primeiro plano de escala verdadeiramente nacional de desenvolvimento econômico e rompeu com o modelo desenvolvimentista de Vargas, centrado na criação de uma economia vinculada aos interesses nacionais. O novo modelo desenvolvimentista abriu a economia brasileira para o capital estrangeiro e baseou-se, fundamentalmente, na criação da oferta de bens de consumo duráveis.

A Era JK também marcou a consolidação da urbanização brasileira, que ocorreu mediante a expulsão da população rural, em especial do Nordeste, e resultou em denúncias por alguns estudiosos como exemplo de descaso dos governos com a questão agrária. Essa nova massa urbana passou a reivindicar mudanças no modelo desenvolvimentista que os excluía, criando uma instabilidade social que facilitou a ascensão dos militares ao poder político em 1964 (CARVALHO apud SANTOS, 2001).

O resultado dessas políticas de abertura foi um período de crescimento acelerado da economia, entre os anos de 1968 e 1974, seguido de uma crise econômica e do II Plano Nacional de Desenvolvimento (PND), entre 1975 e 1979. O II PND não foi capaz de reverter a crise social e econômica que afetava a maior parte da população porque o modelo vigente de desenvolvimento beneficiava apenas uma parcela social associada ao setor produtivo. Há indícios de que a crise social e econômica influenciou a crise política e propiciou o crescimento da reorganização social, liderada pelo setor sindical das indústrias automobilística e metalmecânica. Essa movimentação política oxigenou os setores populares no que se refere ao questionamento, à derrubada da ditadura e à retomada do processo democrático brasileiro a partir de outras bases.

Durante esse período de crise nacional, o cenário internacional mudava rapidamente, com Margareth Thatcher, na Inglaterra, e Ronald Reagan, nos Estados Unidos, implantando o que viria a ser conhecido como o modelo neoliberal

(SUNKEL apud BRESSER PEREIRA; WILHEIM; SOLA, 2001). O neoliberalismo afetou, e ainda afeta, seriamente, a capacidade do governo de executar políticas públicas de caráter redistributivo e entregou para o mercado a responsabilidade de prover serviços previamente delegados ao Estado, trazendo sérias consequências para países com imensas populações pobres que não podem pagar por serviços (GOMEZ, 2000).

A ascensão de Fernando Collor de Mello ao poder, em 1990, marcou a implantação do modelo neoliberal no Brasil. A partir daí, o governo brasileiro aderiu ao Consenso de Washington e inaugurou a adesão do país à economia globalizada (OLIVEIRA apud SANTOS, 2001). A crise da hiperinflação e a crise fiscal foram amenizadas, em 1994, na administração Itamar Franco, com o Plano Real, cujo autor foi FHC. Quando este assumiu a Presidência da República, foram aprofundados os fundamentos neoliberais da economia brasileira com as privatizações de companhias estatais. Foi criado ainda o Sistema Único de Saúde (SUS) e universalizado o ensino básico, apesar do alinhamento ao modelo neoliberal. A despeito dessas políticas representarem avanços no âmbito social, não foram suficientes para enfrentar e reverter a situação de privação em que vivem mais de 50 milhões de brasileiros.

A eleição de Lula à Presidência sinalizou a reação dos setores populares, os quais, mesmo com as fortes pressões internacionais, elegeram um presidente historicamente vinculado ao sindicalismo e a um partido nitidamente de esquerda. Uma avaliação do desempenho dessa administração até agora demonstra que, apesar de ter aprofundado o comprometimento do Governo Federal com as parcelas mais desfavorecidas da sociedade, esse governo manteve, e até aprofundou, os fundamentos neoliberais da economia brasileira.

Nesse particular, as políticas públicas instituídas ou derivadas de um cenário neoliberal não parecem ter sido suficientes para produzir níveis de desenvolvimento com inclusão, conforme será apresentado na seção seguinte.

1.6 A TRANSFORMAÇÃO DO ESTADO BRASILEIRO E SEUS EFEITOS NAS POLÍTICAS PÚBLICAS

A partir principalmente da década de 1990, ocorreram mudanças políticas e econômicas no Brasil que redesenharam o cenário social e acirraram a pobreza e a destituição social, alterando as formas de reprodução da sociedade. Nesse contexto, marcado pelo desemprego e pelo aumento das desigualdades sociais, o governo brasileiro passou a implementar programas de ajuste estrutural e de estabilização econômica para se adequar ao Consenso de Washington e às diretivas neoliberais. Os sucessivos governos adotaram políticas macroeconômicas com vista à estabilização da economia e a reformas estruturais, visando às aberturas comercial, financeira, produtiva e tecnológica (ALENCAR apud SALES; LEAL; MATOS, 2004).

Essas mudanças surgiram como alternativas de desenvolvimento econômico para a crise da década de 1980, resultante do esgotamento do modelo desenvolvimentista alicerçado no Estado e no capital nacional e internacional. Em termos práticos, as mudanças, apoiadas por organismos internacionais, como o Fundo Monetário Internacional (FMI) e o Banco Mundial, resultam em déficits na balança comercial, no saldo da dívida líquida do setor público, nos ajustes fiscais com base no desmonte do Estado e na desnacionalização da economia do país (ALENCAR apud SALES; LEAL; MATOS, 2004).

Essa inserção, subordinada ao novo modelo desenvolvimentista mundial, levou os governos brasileiros ao abandono de um possível projeto de desenvolvimento nacional. Desse modo, "[...] as mudanças estruturais em curso na economia brasileira não se mostram suficientes para viabilizar a necessária construção de um novo modelo de crescimento socioeconômico sustentado" (POCHMANN apud SALES; LEAL; MATOS, 2004).

Em primeiro plano, surge o Governo Federal, que, no decorrer dos últimos 15 anos do século XX, implementou políticas públicas de educação, saúde, renda mínima, reforma agrária e crédito, mudanças estas que têm um papel essencial na habilitação das parcelas mais pobres da sociedade para a sobrevivência no mercado capitalista, apesar de essa não ser uma opinião unânime entre diversos autores (BRESSER PEREIRA; WILHEIM; SOLA, 2001).

No caso brasileiro, para o desenvolvimento ser adjetivado como sustentável, a aposta é que seja estabelecida uma aliança informal entre Estado e setor produtivo – detentor do capital, da capacidade industrial, do conhecimento técnico e organizacional. Essa aliança, se considerada com seriedade, poderá possibilitar níveis de desenvolvimento socioeconômico. O Governo Federal parece ter reconhecido a importância do setor produtivo para o desenvolvimento do País ao adotar um modelo de Parcerias Público-Privadas (PPPs) – popularizadas nos Estados Unidos na década de 1970 para o enfrentamento da crise gerada pelo embargo da Organização dos Países Produtores de Petróleo (Opep).

O terceiro setor também é fundamental para o desenvolvimento nacional, pois permite, na área de políticas públicas, o surgimento de projetos e experiências que auxiliem na inclusão social e econômica de segmentos carentes da sociedade brasileira. Sua participação é crescente, com uma estimativa de 250 mil Organizações da Sociedade Civil (OSCs) em atividade no País, que empregam quase 1,7 milhão de pessoas, e seus faturamentos somam 30 bilhões de reais. Além disso, elas exercem variadas funções sociais, como educação, informação, mobilização, campanhas, assessoria, assistência técnica a comunidades, pesquisa, monitoramento e fiscalização.

Por fim, a sociedade civil precisa se engajar no projeto de desenvolvimento do País pela participação ativa na elaboração, implementação e monitoramento dos projetos de desenvolvimento nacional. Para que isso ocorra, conforme alguns autores, é necessária a transformação da democracia brasileira de representativa para participativa (GRAU apud BRESSER PEREIRA; WILHEIM; SOLA, 2001). Não está bem desenvolvida, no Brasil, a tradição do debate comunitário para a resolução de questões locais, pois o Estado, por meio de políticas públicas assistencialistas e protecionistas, tende a doar bens materiais e direitos sociais com objetivos de controle e desmobilização das organizações populares. Ademais, faz-se imprescindível desenvolver uma "cidadania ativa" que opere no interior do Estado e o influencie. Sem esses elementos, a construção de um modelo brasileiro de desenvolvimento sustentável será inviável (LACERDA, 1992).

Portanto, a questão fundamental está associada ao fato de que as transformações do Estado impactam diretamente nas transformações das políticas públicas, e vice-versa. Estas, derivadas da sociedade civil, especificamente de organizações do terceiro setor, são indicadores de ampliação dos espaços historicamente reservados às elites. Talvez seja esse um bom indício para se pensar nas primeiras insuficiências da Teoria da Elite, no que tange às explicações das políticas públicas e suas possíveis articulações com o desenvolvimento.

CONSIDERAÇÕES FINAIS

Para se refletir sobre as possíveis articulações entre políticas públicas e desenvolvimento com pretensões sustentáveis, faz-se necessário um entendimento dos processos políticos e das estruturas de poder que influenciam as decisões e as medidas de governo. A gestão do Estado é um processo intrincado que exige a negociação de interesses diversos, envolvendo atores sociopolíticos influentes e poderosos, o que é especialmente tortuoso no Brasil, onde os poderes político e econômico agem para perpetuar a estrutura do poder e para submeter os anseios da maioria da população aos interesses das elites com mais acesso ao sistema político.

Apesar das dificuldades políticas e institucionais para influenciar o processo de desenvolvimento, a sociedade civil brasileira encontra formas de aumentar sua esfera de influência política e direcionar políticas públicas. Esse é um momento de transformações estruturais que propicia o debate e a ação por uma reorganização da estrutura do poder no País e que permite a inserção de interesses mais amplos e de um modelo pluralista de governo.

Para finalizar, talvez a principal mensagem do presente capítulo seja a de que as transformações forçadas e recentes do Estado, em conjunto com o fortalecimento da sociedade civil, estejam impactando positivamente em algumas políticas públicas capazes de promover inclusão e, portanto, o desenvolvimento com pretensões sustentáveis.

REFERÊNCIAS

ARAND, I. et al. *Industrialização paranaense*: principais instrumentos estaduais e municipais de fomento, a partir da década de 1960. Curitiba: Faculdade Católica de Administração e Economia, 1983.

BALASSA, B. et al. *Uma nova fase de crescimento para a América Latina*. São Paulo: Fundação Getulio Vargas, 1986.

BANCO MUNDIAL. *Brasil*: despesas do setor público com programas de assistência social. 2 v. Washington, 1988 [documento do Banco Mundial].

BARRE, R. *Économie politique*. Paris: Presses Universitaires de France, 1956.

BOBBIO, N.; MATTEUCCI, N.; PASQUINO, G. *Dicionário de política*. Tradução de Carmen C. Varrialle et al. Brasília: UnB, 1993.

BRESSER PEREIRA, L. C.; WILHEIM, J.; SOLA, L. (Org.). *Sociedade e estado em transformação*. São Paulo: Unesp, 2001.

CARVALHO, M. A.; SILVA, C. R. L. *Economia internacional*. São Paulo: Saraiva, 2000.

COELHO, E. M. B. Políticas públicas e diversidade: igualdade e diferença no Brasil. In: III Jornada Internacional de Políticas Públicas, Questão Social e Desenvolvimento no Século XXI, 29-30 agosto de 2007, São Luís, Maranhão. *Minicurso da III Jornada Internacional de Políticas Públicas, Questão Social e Desenvolvimento no Século XXI*. São Luís, Maranhão, 2007.

FREITAS, M. V.; PAPA, F. C. *Políticas públicas*: a juventude em pauta. São Paulo: Cortez, 2003.

FRITSCHE, M. Apresentação. In: SICSÚ, J.; DE PAULA, L. F.; MICHEL, R. (Org.). *Novo desenvolvimentismo*: um projeto nacional de crescimento com equidade social. Rio de Janeiro: Fundação Konrad Adenauer, 2005.

GOMEZ, J. M. *Política e democracia em tempos de globalização*. Petrópolis: Vozes, 2000.

HAYEK, F. A. V. *O caminho da servidão*. Rio de Janeiro: Instituto Liberal, 1987.

JUDGE, D. et al. *Theories of urban politics*. London: Sage, 1995.

LACERDA, D. *Cidadania, participação e exclusão*: uma análise do grau no instrução de eleitorado brasileiro. 1992. 167 f. Dissertação – Mestrado em Ciência Política. 1992. Universidade de Brasília, Brasília-DF.

LOURENÇO, G. M. *A economia paranaense em tempos de globalização*. Curitiba: Edição do Autor, 2003.

LUCCHESE, P. *Introdução*: políticas públicas em saúde. Biblioteca Virtual em Saúde, 30 de julho de 2004. Disponível em: <http://itd.bvs.br/itd-mod/public/scripts/php/page_show_introduction. php?lang=pt&menuId=2&subject=healthPolicies&search=($)*(introduction/(channel))>. Acesso em: 15 dez. 2006.

MAIA, J. M. *Economia internacional e comércio exterior*. São Paulo: Atlas, 2003.

MEREGE, L. C. (Coord.). *Terceiro setor*: reflexo sobre o marco legal. Rio de Janeiro: Fundação Getulio Vargas, 2001.

PAZOS, L. *La globalización*: riesgos y vantajas. México DF: Diana, 1998.

SADER, E.; GENTILI, P. (Org.). *Pós-neoliberalismo*: as políticas sociais e o estado democrático. Rio de Janeiro: Paz e Terra, 1998.

SALES, M. A.; LEAL, C.; MATOS, M. (Org.). *Política social, família e juventude*: uma questão de direitos. São Paulo: Cortez, 2004.

SANDRONI, P. *Dicionário de economia*. São Paulo: Best-Seller, 1994 (Série Os Economistas).

SANTOS, R. S. (Org.). *Políticas sociais e transição democrática*: análises comparativas de Brasil, Espanha e Portugal. São Paulo: Mandacaru; Salvador: Cetead, 2001.

STEWART Jr., D. *O que é liberalismo*. 3. ed. Rio de Janeiro: Instituto Liberal, 1988.

STONE, C. *Regime politics*: governing Atlanta 1946-1988. Lawrence: University Press of Kansas, 1989.

VON MISES, L. *Liberalismo*: segundo a tradição clássica. Rio de Janeiro: José Olympio, 1987.

CAPÍTULO 2

Indicadores, políticas públicas e a sustentabilidade

Angelo Guimarães Simão
Christian Luiz da Silva
Heloísa de Puppi e Silva
Maria Auxiliadora Villar Castanheira
Paulo Sérgio Sant'Anna Jurec
Simone Wiens

Sumário

Resumo – Introdução – 2.1 A sustentabilidade e o desenvolvimento sustentável – 2.2 Políticas públicas e desenvolvimento sustentável – 2.3 Políticas públicas e indicadores para sustentabilidade – Considerações finais – Referências.

Resumo

Entre os meios de alcance da sustentabilidade, cita-se uma das revelações do comportamento humano: a realização pelo Estado das políticas públicas, que são exercícios do setor público, o qual retorna para a população as contribuições que esta realiza pelo pagamento de impostos, alíquotas, taxas e tarifas. Esses retornos são soluções de problemas sociais, econômicos, ambientais, entre outros, demandadas pela população e alcançadas pela atividade dos órgãos responsáveis. Assim, é necessário identificar os problemas, traçar as estratégias para solucioná-los, estabelecer os objetivos que deverão ser atingidos, monitorar o alcance desses e verificar a eficiência dessa política para atendê-los. Propõe-se, baseado no pensamento da sustentabilidade, uma breve reflexão sobre o uso de indicadores, o que permite verificar quais as vertentes da sustentabilidade que estão sendo atingidas, como o amadurecimento sustentável, o processo de formulação de políticas públicas e as dimensões social, espacial, ambiental, cultural e econômico, e sobre as políticas públicas.

INTRODUÇÃO

A política pública é um exercício constante do setor público, que retorna para a população as contribuições que ela realiza ao pagar impostos, alíquotas, taxas e tarifas. Os retornos consistem na solução de problemas sociais, econômicos, distributivos, ambientais, de infraestrutura, entre outros, pela atividade dos órgãos públicos, que se articulam visando atender aos anseios do Estado. Portanto, é necessário estabelecer qual o objetivo e verificar se este está sendo concretizado, bem como se a política pública está sendo eficiente para alcançá-lo.

Apesar de existirem diversos problemas para serem solucionados, discute-se, nos discursos, na academia, nas empresas e na forma de agir e de pensar das pessoas, uma preocupação maior: a garantia da sobrevivência, atual e futura, expressa pela sustentabilidade – a qual é almejada e é o objetivo a ser atingido. Contudo, todas as ações realizadas pelas pessoas e organizações passaram a ser balizadas por esse propósito, que depende de diversos esforços.

Entre os meios de alcance da sustentabilidade, é possível citar algumas revelações do comportamento das pessoas e das organizações, como a responsabilidade social e as políticas públicas – esforços que possuem um único fim e que merecem atenção para que seja verificado se estão contribuindo ou não para a sustentabilidade. Assim, o seu alcance pressupõe o desenvolvimento, de modo sustentável, do comportamento, ou seja, só será atingido quando houver um amadurecimento. Esse desenvolvimento é o meio determinante para a sustentabilidade, uma vez que ela depende de condições, interações, comportamentos, ações e pensamentos maduros do assunto. Ademais, ele pode ser entendido como o cumprimento de etapas para se alcançar a sustentabilidade, por exemplo: condições sustentáveis de ensino, renda, atividade econômica, cultura, espacialidade, política, entre outras. No entanto, a complexidade da sustentabilidade limita a compreensão plena sobre o alcance dessas condições.

Os esforços despendidos em busca da sustentabilidade pressupõem o acompanhamento e a mensuração para que as políticas e "o agir" sejam estabelecidos e adequados de acordo com os objetivos identificados e para que as reformulações e os novos "objetivos-meio" sejam propostos. O uso de indicadores permite definir qual é a distância, ou o quanto se caminhou, para a sustentabilidade, além de apontar se alguém está agindo ou não de modo sustentável. Por meio desses indicadores, é possível verificar em que condição diante da sustentabilidade encontra-se um local, uma região, uma nação ou a totalidade do mundo, possibilitando, dessa forma, que as políticas sejam adequadas às realidades dessas espacialidades. No entanto, seu uso para medir a sustentabilidade é muito subjetivo e difícil de ser realizado. Contudo, a aplicação para medir o desenvolvimento sustentável é mais coerente e passível de mensuração da realidade. Os esforços para a sustentabilidade podem ser públicos ou privados, mas ambos devem ser mensurados e podem convergir no uso de um mesmo indicador, pois este representa a realidade do espaço analisado, no qual as atividades de qualquer natureza podem surtir efeitos positivos ou negativos.

A sustentabilidade é um meio de vida ou uma forma de viver que, devido à sua complexidade, não permite uma descrição por completo. Trata-se de um modo de pensar e de agir para as pessoas, sociedades e comunidades do presente e do futuro. Ela pressupõe também uma série de considerações acerca do pensamento – que é complexo – e pode estar presente nos indicadores e nas políticas públicas. O pensamento sobre a sustentabilidade resulta em revoluções, evoluções, amadurecimento e desenvolvimento das relações pessoais e organizacionais, entre si e perante o meio, o que pode ser verificado inclusive na forma de escrita da ciência, na qual o pesquisador passa a se incluir quando descreve e pesquisa as formas de alcance da mesma.

Questiona-se, com base no pensamento da sustentabilidade, a expressão do comportamento na formulação, implementação e mensuração das políticas públicas e de seus resultados, por meio de indicadores. Assim, propõe-se que o pensar a sustentabilidade determine o amadurecimento sustentável das pessoas e das organizações e que, entre outros comportamentos, esteja expresso nas políticas públicas e nos indicadores.

Para observar esses dois parâmetros, serão abordados: a sustentabilidade e o desenvolvimento sustentável; as relações entre políticas públicas e indicadores; e a mensuração daqueles diante destes.

2.1 A SUSTENTABILIDADE E O DESENVOLVIMENTO SUSTENTÁVEL

A sustentabilidade configura-se como uma nova forma de pensar e de agir das pessoas em sua busca. Nesse sentido, esforços são despendidos para alcançá-la.

Trata-se de um fenômeno complexo, que não permite segregações, e sim, apenas compreensão. As divisões e as repartições são feitas para pesquisar as vertentes ou os tecidos da sustentabilidade e a condição de desenvolvimento sustentável, bem como o planejamento e a mensuração de algumas dimensões. Entre estas, pode-se considerar o comportamento e os diversos conjuntos de problemas que as políticas públicas visam solucionar, como econômicos, ambientais, sociais, culturais, democráticos, políticos, entre outros. O pensamento complexo pode compreender a sustentabilidade, mas não consegue discernir as inúmeras relações entre suas vertentes. Porém, se o objetivo é alcançar a sustentabilidade, é necessário unir esforços para entendê-la, alcançá-la e, assim, dividi-la e estudar suas partes, tecidos e inter-relações. No entanto, até o presente momento, o estágio que se conseguiu explicar desse fenômeno foi o das reduções do todo (Figura 2.1).

Figura 2.1   Sustentabilidade como fenômeno, pensamento e objeto

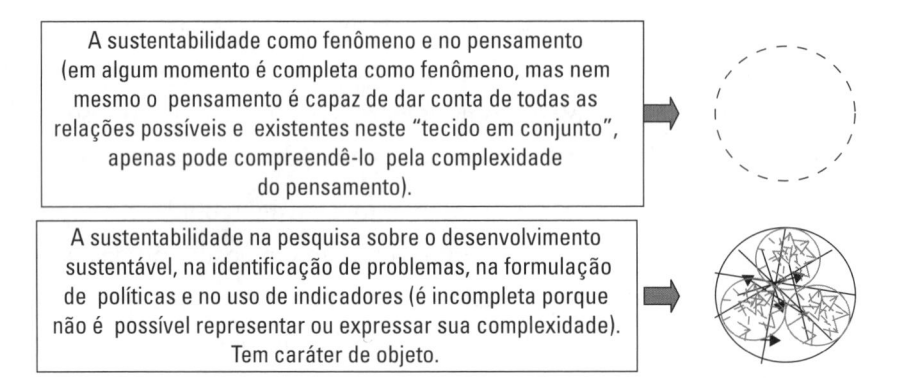

A sustentabilidade como fenômeno e no pensamento (em algum momento é completa como fenômeno, mas nem mesmo o pensamento é capaz de dar conta de todas as relações possíveis e existentes neste "tecido em conjunto", apenas pode compreendê-lo pela complexidade do pensamento).

A sustentabilidade na pesquisa sobre o desenvolvimento sustentável, na identificação de problemas, na formulação de políticas e no uso de indicadores (é incompleta porque não é possível representar ou expressar sua complexidade). Tem caráter de objeto.

Fonte: Elaborado pelos autores.

Os esforços, as ações e o pensar são regidos, portanto, pelo pensamento da sustentabilidade, e, nesse sentido, todas as práticas das pessoas e das organizações estão sob esse objetivo. A ideia é de que não é possível debater sobre o uso de indicadores do desenvolvimento sustentável em políticas públicas porque todo seu uso está sob a égide da sustentabilidade. Mas, então, existem indicadores que não são do desenvolvimento sustentável? Na verdade, não são os indicadores que são ou não apropriados para essa finalidade. É o comportamento que se enquadra ou não na característica de ser sustentável; pensa-se ou não em sustentabilidade. Nesse estudo, questionam-se as características e o uso de indicadores para medir o desenvolvimento sustentável resultantes das políticas públicas. Parte-se do pressuposto que, ao utilizá-los, é viável verificar se estas políticas estão resultando em impactos positivos ou negativos ao desenvolvimento sustentável.

O desenvolvimento sustentável é o meio para a sustentabilidade e, assim, só é possível verificá-lo se as pessoas, as organizações e as instituições estiverem envolvidas por um objetivo que direciona seus comportamentos para a sustentabilidade. Desse modo, ele pode ser entendido como um amadurecimento. Assim como as pessoas se desenvolvem e amadurecem com relação ao conhecimento, as pessoas, as organizações e as instituições também, mas nos esforços para a sustentabilidade. Contudo, é preciso ser sustentável para alcançar a sustentabilidade. Mas quem, ou o que, deverá ser sustentável? Devem ser sustentáveis o comportamento das pessoas e das organizações, o ensino, a atividade econômica, a cultura, a política, a democracia, o uso do meio ambiente e do espaço e as diversas outras variáveis, além de todas as suas relações e interações.

A condição do desenvolvimento sustentável pode ser verificada pela observação do espaço, das atividades econômicas, das questões sociais, da preocupação ambiental e dos aspectos culturais. Esses critérios se relacionam configurando a característica, ou o estado, em que se encontra um local no processo de desenvolvimento sustentável. Então, seja qual for a ação ou a política pública, ela impactará direta ou indiretamente nesse desenvolvimento e, como consequência, gerará resultados positivos ou negativos que poderão ser observados, mesmo que seja de forma imprecisa, por meio dos indicadores que refletem a dinâmica dessas dimensões em níveis local, nacional ou global.

Nesse sentido, a evolução das sociedades e das nações pressupõe um processo de desenvolvimento. No entanto, este pode ser caracterizado e observado de diversas maneiras. Assim, por exemplo, pode-se observar apenas o desenvolvimento econômico ou o social. Considerando apenas estas duas variáveis, não é possível compreender se as condições de vida estão sendo preservadas e pensadas para as gerações futuras – papel destinado à observação conjunta da questão ecológica. A característica "sustentável" do desenvolvimento leva em consideração as inúmeras variáveis que formam um emaranhado de relações, caracterizando-o como um estudo de sistemas complexos. Contudo, é comum e necessário configurar, no estudo sobre o desenvolvimento – que é de característica sustentável –, as seguintes dimensões componenciais da organização do homem em sociedade: a social, a ambiental, a cultural, a espacial e a econômica.

Incorporar a característica "sustentável" ao desenvolvimento é um esforço conjunto entre setor público e privado. As políticas públicas são uma das ferramentas utilizadas para esse fim, e, independentemente de qual for a dimensão de sua aplicação, elas estarão impactando no processo de desenvolvimento, de forma a contribuir ou não para sua sustentabilidade. As políticas paternalistas, por exemplo, não são saudáveis, a longo prazo, para um processo de desenvolvimento sustentável, pois geram dependência da população em relação ao governo.

Visto que as políticas públicas impactam no desenvolvimento, resta apenas acompanhar e mensurar o efeito delas no objetivo das nações – uma evolução sustentável que corresponda aos anseios da população. Sendo assim, segue uma breve discussão sobre o desenvolvimento sustentável, a importância das políticas públicas para o mesmo e o uso de indicadores como forma de acompanhamento do objetivo: uma sociedade sustentável.

De acordo com Capra (2005), o conceito de sustentabilidade surgiu no início da década de 1980, com Lester Brown, fundador do *Wordwatch Institute*, que definiu a sociedade sustentável como aquela capaz de satisfazer suas necessidades sem comprometer as chances de sobrevivência das gerações futuras.

Segundo Capra (2005), alguns anos depois, o relatório da Comissão Mundial de Meio Ambiente e Desenvolvimento, mais conhecido como "Relatório de Brundtland", usou idêntica definição para apresentar a noção de desenvolvimento sustentável, mencionando que este "[...] é aquele capaz de atender às necessidades do presente sem comprometer a capacidade das gerações futuras de atenderem às suas próprias necessidades" (DSD, 2007).

De acordo com a Agenda 21 (SMMA, 2005), esse novo modelo de desenvolvimento, chamado desenvolvimento sustentável, deve compatibilizar a preservação do meio ambiente, a justiça social, o crescimento econômico e a participação e o controle da sociedade como elementos para democratizar o direito à qualidade de vida. Trata-se, portanto, de um modelo complexo, pois nem sempre o crescimento econômico, visto pela acumulação e geração de renda e, em geral, seguido de desigualdade social, vem acompanhado da preservação do meio ambiente.

Veiga (2005) ressalta que o desenvolvimento não é uma coleção de coisas, mas sim um processo que as produz e que exige pessoas criativas, como os seres humanos são naturalmente. E se esse processo, chamado desenvolvimento, for aplicado às sociedades humanas, essas também poderão alcançar a sustentabilidade.

Para Sachs (1993), desenvolvimento sustentável é um processo que melhora as condições de vida das comunidades humanas e, ao mesmo tempo, respeita os limites e a capacidade de cargas dos ecossistemas, que são comunidades sustentáveis de plantas, de animais e de micro-organismos.

Já Buarque (1999) ressalta que esse processo para a sustentabilidade eleva oportunidades para a sociedade e provoca uma mudança social. Além disso, compatibiliza, no tempo e ao longo dele, e também no espaço, o crescimento e a eficiência econômica, a conservação ambiental, a qualidade de vida e a equidade social, partindo de um claro compromisso com o futuro e com a solidariedade entre gerações.

O estudo do Clube de Roma, publicado em 1972 (apud BECKER, 2002), reafirma a necessidade de que se olhe para o mundo a partir de uma perspectiva global e a longo prazo. As conclusões do texto, intitulado *Os limites do crescimento*, são: se as atuais tendências de crescimento da população mundial continuarem imutáveis, os limites de crescimento, nesse planeta, serão alcançados algum dia dentro dos próximos 100 anos; e é possível modificar essas tendências de crescimento e formar uma condição de estabilidade ecológica e econômica que se possa manter até o futuro remoto.

Becker (2002) afirma que a noção de desenvolvimento sustentável vem sendo utilizada como portadora de um novo projeto para a sociedade, capaz de garantir, no presente e no futuro, a sobrevivência dos grupos sociais e da natureza. Esse processo tem como uma de suas premissas fundamentais o reconhecimento da insustentabilidade ou inadequação econômica, social e ambiental do padrão de desenvolvimento das sociedades contemporâneas. Essa noção nasce da compreensão da finitude dos recursos naturais e das injustiças sociais provocadas pelo modelo de desenvolvimento vigente na maioria dos países.

Nesse contexto, Dresner (2002) ressalta que o desenvolvimento envolve uma transformação contínua da economia e da sociedade, e, nesta, observa-se uma população estável, uma produção estável e abaixo dos limites dos recursos utilizados para ela. Para o autor, a sociedade sustentável é uma definição física.

Assim, para que o desenvolvimento para a sustentabilidade ocorra, é necessária a compreensão das transformações da sociedade e de seus impactos futuros, a partir das inter-relações entre as dimensões econômica, social e ambiental.

O desenvolvimento sustentável pode ser discutido como uma maneira de entender o conflito entre o processo de crescimento econômico e a finitude dos recursos naturais – contexto que pode definir os vários agentes participantes como responsáveis pela materialização da harmonia, o que é citado por Silva (2005), entre as várias dimensões. Nessa dinâmica, basicamente, entende-se que existem três agentes: governo, que pode ser definido como nacional, estadual e local; sociedade civil, entendida como os muitos tipos de Organizações Não Governamentais (ONGs), associações de classe ou de pesquisa e as pessoas que formam comunidades de interesse; e setor privado, que se refere às empresas, associações de negócios, comércio e indústrias.

Com o movimento crescente na área de desenvolvimento sustentável e com os diversos eventos de importância internacional, surgem, no cenário mundial, metodologias diferenciadas de análise e políticas de mensuração de pontos-chave que envolvem esse conceito. Os indicadores desse desenvolvimento são, no contexto atual, indispensáveis para subsidiar os processos de tomada de decisão em diferentes questões, sobretudo as que envolvem o poder público, que atua em escala maior.

Desenvolvimento sustentável, portanto, é um processo e pode ser operacionalizado para facilitar a verificação sobre o amadurecimento ou não e para ajudar na identificação das ameaças à sustentabilidade de um sistema (BOSSEL, 1999). Além disso, ele pode ser visto ainda como um processo de transformação que ocorre de forma harmoniosa nas dimensões espacial, social, ambiental, cultural e econômica, partindo do individual para o global (Figura 2.2), conforme Silva (2005).

Figura 2.2 Expressão visual do conceito de desenvolvimento sustentável

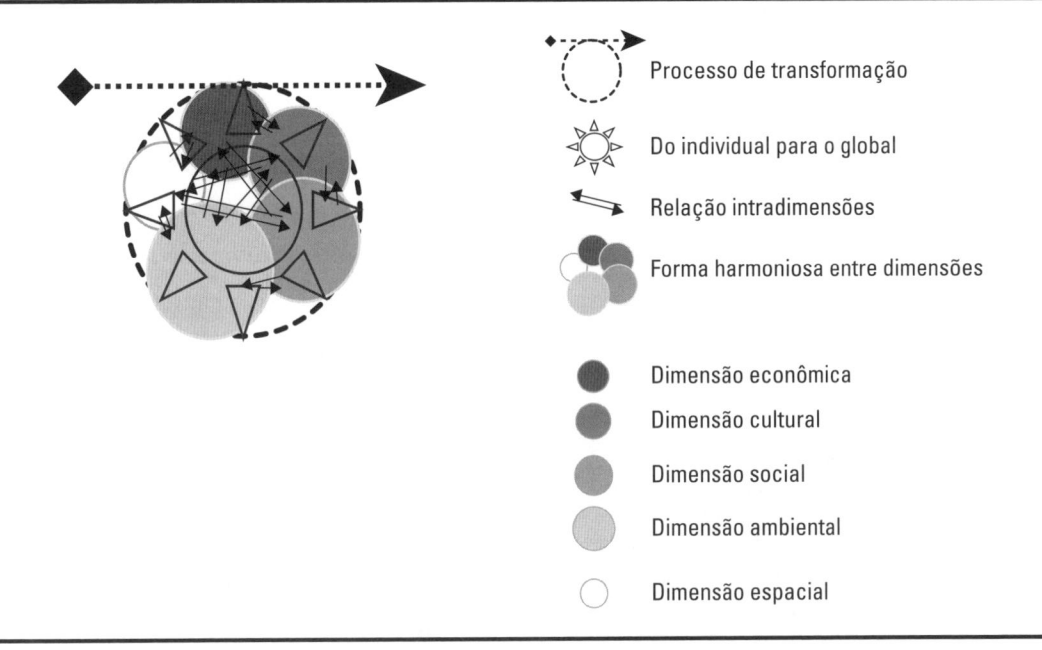

- Processo de transformação
- Do individual para o global
- Relação intradimensões
- Forma harmoniosa entre dimensões

- Dimensão econômica
- Dimensão cultural
- Dimensão social
- Dimensão ambiental
- Dimensão espacial

Contudo, o desenvolvimento sustentável é um processo composto de uma sequência de condições, as quais apresentam evolução positiva ou negativa em função da sustentabilidade, ou seja, verifica-se a condição, fazendo seu acompanhamento e sua mensuração em períodos de tempo diferentes para ter a noção do processo.

2.2 POLÍTICAS PÚBLICAS E DESENVOLVIMENTO SUSTENTÁVEL

A indagação sobre o desenvolvimento sustentável leva a formulações estratégicas para o alcance de melhores condições nesse processo. Dessas, resultam políticas que devem ter parâmetros de mensuração – para que o acompanhamento, no decorrer do tempo, seja realizado –, que podem amadurecer sustentavelmente ou não e que podem expressar essa condição por meio dos indicadores.

Definir uma condição de desenvolvimento sustentável ou não consiste na operacionalização de um conceito e, para tanto, são propostos indicadores. O termo "indicador" é originário do latim *indicare*, que significa descobrir, apontar, anunciar, estimar (HAMMOND et al., 1995). Por exemplo, uma descida de pressão de um barômetro pode indicar a aproximação de uma tempestade (GOUZEE; MAJIZN; BILLHARZ, 1995).

O que os líderes e os governantes devem pensar para promover o desenvolvimento sustentável? Eles devem propor e estabelecer políticas públicas para que estas resultem na sustentabilidade, ou seja, elas são o meio e o desenvolvimento sustentável, ou, mais precisamente, a sustentabilidade, o fim de seus trabalhos. Então, no momento de elaborá-las para as diversas áreas – saúde, escolaridade, renda, entre outras –, é preciso pensar no objetivo, o qual deve ser elaborado e pensado em conjunto com a sociedade, visando condições compatíveis com as abordagens sobre o desenvolvimento sustentável. A política de renda, por exemplo, deve pensar nas condições de trabalho, já a de escolaridade, no desenvolvimento cultural, e assim por diante. Um índice que envolva todas as dimensões do desenvolvimento sustentável será apenas uma forma de observar o desempenho do todo, isto é, a condição de desenvolvimento de uma nação.

A ciência política possui uma forma de dividir seus estudos de acordo com a abordagem do assunto. Uma delas diz respeito à dúvida clássica – às preocupações primordiais dos teóricos clássicos Platão e Aristóteles: "[...] o que é um bom governo e qual é o melhor Estado para garantir e proteger a felicidade dos cidadãos ou da sociedade" (FREY, 2000, p. 213). Essa ciência também aborda o questionamento político, o qual se refere à análise das forças políticas do processo de tomada de decisão, além das investigações voltadas aos resultados que um dado sistema político vem produzindo. Assim, considera-se que o interesse em avaliar resulta nas contribuições que as estratégias selecionadas podem gerar para solucionar problemas públicos.

O estudo dessa ciência que analisa a inter-relação entre as instituições, o processo e os conteúdos políticos é chamado *policy analysis* (FREY, 2000). No Brasil, esse campo de estudo de políticas públicas ainda é recente, em especial no que diz respeito a sua teorização. A maioria dos estudos dessa área volta-se para a questão prática.

Para Lourenço, (2005, p. 41), o entendimento das políticas públicas brasileiras exige a compreensão do processo político e social do País, como também as forças externas que impulsionam e limitam a elaboração e a implementação das mesmas.

De acordo com o Instituto de Estudos, Formação e Assessoria em Políticas Sociais (Polis), que é uma ONG de atuação nacional, "[...] política pública é a forma de efetivar direitos, intervindo na realidade social. Ela é o principal instrumento utilizado para coordenar programas e ações públicas" (POLIS, 2006).

Esse exercício da democracia representativa deve resultar do compromisso tanto do Estado como da sociedade e é a concretização dos deveres transcritos deste na constituição e nas formulações dos planos de governo nas esferas municipal, estadual e federal. Por isso, é necessário que sejam escritos planos, projetos e programas de implementação das intenções e dos interesses públicos.

As políticas públicas envolvem todos os agentes de um sistema nacional: sociedade, poder público e privado, sociedade civil organizada e inclusive organismos e dinâmica internacional. Elas são elaboradas e pensadas a partir da identificação de sua necessidade, que se dá pela observação de fatos e de indicadores.

Ainda de acordo com Polis (2006), haveria cinco fases para o desenvolvimento de uma política pública:

1) a identificação de uma questão a ser resolvida, ou um conjunto de direitos a ser efetivado, a partir de um diagnóstico do problema;

2) a formulação de um plano de ação para o enfrentamento do problema;

3) a decisão e a escolha das ações prioritárias;

4) a implementação (por meio de leis e procedimentos administrativos);

5) a avaliação dos resultados alcançados.

Frey (2000, p. 226) propõe que as fases de elaboração sejam: "... percepção e definições de problemas; *agenda-setting*, elaboração de programas e decisão, implementação de políticas e, finalmente, a avaliação de políticas e a eventual correção da ação".

Muitas vezes, os interesses políticos acabam por encerrar, modificar ou reestruturar as etapas citadas anteriormente, como o período de eleições e de mudança governamental. O sucesso dos resultados de uma política pública é legitimado pelo debate dos diversos agentes que a constroem em conjunto. Essas políticas podem abranger a sociedade como um todo ou grupos e setores específicos, de ordem social ou econômica. Portanto, variam de acordo com as necessidades identificadas, podendo ser do campo da saúde, educação, distribuição territorial, tecnologia, economia, renda, infraestrutura, entre outras.

Durante todo esse processo, é necessário existir o monitoramento e a avaliação de sua efetividade, que podem ser realizados tanto pelo poder público como pelo poder privado e pela sociedade civil. Daí a importância de se garantir o acesso da população às informações sobre o desempenho, o que inclui a formulação de indicadores.

Silva (2006) apresenta um modelo analítico e adaptativo para o monitoramento e para a avaliação do desenvolvimento sustentável e ressalta que deve haver a coleta de informações do local – nesse caso, o campo de abrangência das políticas – e o seu tratamento estatístico, permitindo, assim, observar as relações entre as variáveis de diversas dimensões. O autor salienta, também, que as ações públicas e privadas deveriam se direcionar a partir de tais observações, com a finalidade de avaliar os possíveis impactos e analisar o custo e o benefício das influências ocorridas em uma nação.

A ideia de medir baseia-se na concepção abordada por Castor (2004, p. 36), em *O Brasil não é para amadores*, ao afirmar que é preciso compreender o significado social e econômico dos fenômenos e contextos estudados, mesmo medindo coisas semelhantes, mas com interpretações que podem ser diametralmente opostas.

Portanto, é necessário compreender o que deve ser alcançado com a formulação de políticas públicas, resultando no estabelecimento do que precisa ser medido para que o indicador ou o índice escolhido ou formulado esteja de acordo com o objetivo.

2.3 POLÍTICAS PÚBLICAS E INDICADORES PARA SUSTENTABILIDADE

O Estado é responsável pelo bem-estar da população, e o governo por gerenciar o alcance desses objetivos por meio da elaboração de políticas públicas ou macroeconômicas. Para isso, ele planeja, pesquisa, identifica, formula e reformula políticas, programas e projetos. Entretanto, todos os agentes são responsáveis pela condição de desenvolvimento, e, partindo-se disso, justifica-se também a participação do setor privado na contribuição para a formulação de políticas que tenham finalidade igual.

A crescente utilização desse recurso de mensuração pelo setor público se deu pelo expressivo desenvolvimento de novos indicadores, nas décadas de 1980 e 1990, os quais possibilitaram o acompanhamento de resultados além da dimensão econômica, passando a considerar outras dimensões de grande relevância para a gestão pública, como a social e a ambiental. Já no setor privado, a observação de indicadores locais não econômicos ainda é recente, assim como a intensificação de ações de responsabilidade social.

Esses indicadores, voltados para a avaliação de duas ou mais dimensões do desenvolvimento sustentável, e utilizados em conjunto com outros indicadores, podem formar um índice capaz de apontar o nível de eficiência da aplicação das políticas públicas e fornecer uma base para a elaboração destas. Dessa forma, eles orientam a sociedade e os dirigentes sobre a necessidade de avaliar e acompanhar um real estado de desenvolvimento. Desse processo, resultam indicadores de maior abrangência que demonstram preocupação com as demais dimensões – social, ambiental, cultural e espacial – inerentes ao conceito de desenvolvimento sustentável. Assim sendo, resta compreender a relação entre a utilização desses indicadores e os objetivos das políticas públicas.

Seja pelo envolvimento de toda a sociedade na formulação e na avaliação das políticas públicas, seja pelo fato de escolher ações específicas para estas, visando ao objetivo maior – ao alcance do desenvolvimento sustentável –, deve-se medir e buscar indicadores que se adaptem a todos os resultados e os objetivos almejados – gerais e específicos – e que possuam as políticas públicas em sua instância viabilizadora.

Por meio de uma simulação (Figura 2.3) de Puppi e Silva (2003), é possível compreender as discussões realizadas nesta seção. Sendo assim, releva-se, por exemplo, a importância da elaboração de políticas que estimulem a população a estudar, que lhe permitam melhor acesso aos postos de saúde e que também estimulem a economia local. O simples estímulo à frequência da escola pode melhorar o desenvolvimento do município conforme o seguinte exemplo, que é baseado nos indicadores do Índice de Desenvolvimento Humano Municipal (IDH-M).

O impacto positivo de uma política pública voltada para a melhoria da qualificação no município é relativo à proporção incrementada de um dos indicadores. O fato de ter ocorrido um aumento na frequência da escolaridade proporcionou ao município melhor qualificação no IDH-M, passando de desenvolvimento médio para alto. Porém, não ocorreram impactos positivos perceptíveis, ou diretos, nas condições de vida da população com relação à saúde e à renda.

Figura 2.3 Simulação do impacto de modificações dos indicadores no IDH-M

Se um município apresentar os seguintes índices:
 IDH-ME = 0,783, com frequência de 75% e taxa de alfabetização de 80%;
 IDH-ML = 0,717, com esperança de vida de 68 anos;
 IDH-MR = 0,894.

$$IDH\text{-}M = \frac{0{,}783 + 0{,}717 + 0{,}894}{3} = 0{,}798$$

Ele tem como resultado final um IDH-M de 0,798, incidente em um nível de desenvolvimento médio.
Mantendo os demais indicadores constantes, e elevando a taxa de frequência em 15%, ocorreria o seguinte impacto:
 IDH-ME = 0,821, com acréscimo na frequência de 15% e taxa de alfabetização constante de 80%;
 IDH-ML = 0,717, com esperança de vida de 68 anos;
 IDH-MR = 0,894.

$$IDH\text{-}M = \frac{0{,}821 + 0{,}717 + 0{,}894}{3} = 0{,}811$$

O município teria o IDH-M de 0,811, situado na qualificação do nível de desenvolvimento alto, mostrando que um acréscimo de 15% na frequência da escolaridade implica em aumento de 1,63% no IDH-M.

Fonte: Puppi e Silva (2003).

Os incrementos positivos no IDH-M podem ocorrer por meio de melhorias nas atividades econômica, cultural, ambiental, social e espacial, oriundas de políticas do governo ou do setor privado. No entanto, a subjetividade da mensuração de algumas questões, como o desenvolvimento cultural, não é identificada pelos indicadores de maneira direta. Por isso, a formulação de políticas públicas para todas essas dimensões vai além dos aspectos quantitativos, e, muitas vezes, estas não são reconhecidas sequer pelos qualitativos. Contudo, faz-se necessário compreender que essas políticas devem estimular todas as dimensões, mesmo que sua propaganda não possa mostrá-las. Trata-se de valores, percepções e concepções da população sobre os esforços para o desenvolvimento sustentável.

Essas políticas, sob o pensamento da sustentabilidade, representam um amadurecimento, que pode ocorrer de modo sustentável ou não, e, para tal verificação, é necessária, para qualificar ou quantificar as etapas de seu processo, a utilização de indicadores. No entanto, para que as políticas públicas sejam feitas, diversas vertentes da sustentabilidade devem ser atingidas, ou seja, implicam o amadurecer ou não de dimensões sociais, ambientais, espaciais, culturais e econômicas.

Como o processo de elaboração, gestão e implementação de políticas públicas está de acordo com os objetivos que se pretende alcançar, com a realidade das pessoas que participam do processo amadurecimento e com a dimensão do desenvolvimento sustentável que se pretende atingir, possui caráter interdisciplinar. As políticas públicas atingem dimensões do desenvolvimento sustentável e isto impactará na sustentabilidade. Dessa forma, fazer políticas públicas pensando na sustentabilidade é amadurecer sustentavelmente; é o processo de desenvolvimento sustentável.

As políticas públicas, tanto em sua elaboração quanto na questão de sua interface com as demais, são consideradas interdisciplinares devido à sua diversidade e aos seus objetivos diversos – que podem ou não estar em dimensões diferentes do desenvolvimento sustentável.

Além disso, o ato de construir e de tecer em conjunto é o que configura a interdisciplinaridade dessas políticas. O processo de elaboração destas, as quais terão validade já no momento de suas construções e maior eficiência no alcance de resultados, tem como participantes organizações públicas, parapúblicas e privadas e a sociedade civil.

Ao compreender o agir e o pensar dessas políticas, deve-se entender que os indicadores precisam refletir seus objetivos, para saber se estes estão sendo alcançados ou não, como o amadurecimento ou a condição de desenvolvimento, tanto dos agentes e das relações políticas quanto das dimensões da sustentabilidade. Contudo, devem-se utilizar indicadores para medir o amadurecimento sustentável – os impactos positivos e negativos.

Sendo assim, diversos aspectos devem ser observados no processo de formulação das políticas públicas com foco na sustentabilidade, citados a seguir:

- Como as políticas públicas deveriam ser para contribuir com a sociedade e a sustentabilidade? As políticas públicas são para a população e para solucionar problemas? Quais problemas? Problema de sustentabilidade, de amadurecimento do processo e das dimensões do desenvolvimento sustentável? Qual a finalidade maior das políticas públicas? Elas devem contribuir para o amadurecimento sustentável visando à sustentabilidade?
- Verificação da contribuição positiva ou negativa para a sustentabilidade e para o amadurecimento sustentável e dos efeitos das políticas públicas.
- As fases, as etapas, a gestão e os indicadores das políticas públicas.
- Políticas públicas, usualmente, não têm regras. Elas possuem vertentes que devem ser consideradas no momento de sua elaboração e devem ser construídas em conjunto para o sucesso dos resultados e para o atendimento das diversas realidades e vertentes da sustentabilidade.
- Quem pensa a política pública? Sistemas, conselhos, grupos montados para debater e discutir (meios e fins das políticas) suas composições, esferas distintas do governo, instituições públicas e parapúblicas? O conjunto pensa a política pública porque ela visa atender à população. Por isso, uma das etapas de seu processo de elaboração deve ser o estabelecimento de uma agenda de discussões entre os diversos entes envolvidos.
- As políticas são diferentes entre si porque possuem características próprias entre a implementação e os resultados esperados, e, por isso, precisam ser constantemente reavaliadas, de acordo com a realidade de cada comunidade, de cada parte da sociedade atingida, de cada localidade, e com a finalidade esperada. Isso ocorre devido à imprevisibilidade do comportamento humano diante de situações propostas e da discussão entre grupos distintos. As experiências dos grupos que participam da política pública devem ser consideradas para garantir o amadurecimento sustentável.

- Diversas políticas podem afetar idêntico objetivo; assim a linha principal dessas deve atentar para com as demais, que possuem igual propósito. Além disso, a responsabilidade social das instituições privadas e os programas desenvolvidos pelas instituições parapúblicas também estão afetando o produto estabelecido por essas políticas públicas.

- Devem ter caráter distributivo ou garantir o acesso? Distribuir e dividir são atitudes paternalistas e podem não contribuir para o amadurecimento e para a sustentabilidade. Já o acesso constitui a construção em conjunto.

- Se as políticas públicas são realizadas com recursos públicos, devem atender da melhor forma aos anseios da população, relevando os usos, os fins e os resultados esperados e alcançados. A fonte dos recursos pode ser do orçamento do governo ou de empréstimos, oriunda de fundos ou não, e gerada por contribuições, alíquotas, impostos e taxas. O repasse desses recursos pode pressupor contrapartida, o que representa o comprometimento das pessoas e das instituições, tanto públicas como privadas, na construção conjunta.

- As políticas públicas não podem ter apenas caráter imediatista (a sustentabilidade é um fim a ser atingido a longo prazo). Elas precisam ser tecidas em conjunto e pensadas estrategicamente para uma finalidade maior, o que requer tempo.

- As políticas públicas devem definir prioridades mediante a sustentabilidade e, por isso, considerar a dinâmica atual (que pensa na sustentabilidade).

- A interface entre essas políticas é uma estratégia de eficiência, de não sobreposição de esforços e de definição de rumos que não eliminem o amadurecimento sustentável para com as outras e nem as ações contributivas para a sustentabilidade.

- Deve-se pensar na saúde das contas públicas e nos retornos das políticas para o orçamento, visto que estas precisam ser contínuas e estar sempre promovendo benefícios à população rumo à sustentabilidade.

No decorrer deste estudo, foi pensado nos indicadores que poderiam medir a sustentabilidade e o desenvolvimento sustentável – os quais, neste último, estão relacionados à mensuração de todo o processo de formulação das políticas públicas, bem como os pertinentes às suas dimensões –, e chegou-se ao resultado apresentado na Figura 2.3.

CONSIDERAÇÕES FINAIS

Ao se tratar da sustentabilidade, estão sendo feitas referências às formas de pensar e de agir das pessoas e das organizações. Entre as suas expressões do comportamento, estão as políticas públicas que, por meio do uso de indicadores, podem verificar quais as vertentes da sustentabilidade estão sendo atingidas, como o amadurecimento sustentável ou não do processo de formulação das dimensões social, espacial, ambiental, cultural e econômica ou dessas políticas. Além disso, elas, para terem efeito, precisam aderir ao pensamento da sustentabilidade e relevar as suas fases, assim como os objetivos-meio, para atingir sua finalidade.

REFERÊNCIAS

ARAÚJO, T. P.; LIMA, R. A. Políticas públicas de emprego: considerações a partir do Proger urbano em Pernambuco. *Planejamento e Políticas Públicas*, Brasília: Ipea, n. 22, p. 73-118, dez. 2000. Disponível em: <http://www.ipea.gov.br>. Acesso em: jun. 2007.

AZEREDO, B.; RAMOS, C. A. Políticas públicas de emprego: experiências e desafios. *Planejamento e Políticas Públicas*, Brasília: Ipea, n. 12, p. 91-114, maio 1996. Disponível em: <http://www.ipea.gov.br>. Acesso em: jul. 2007.

BOSSEL, H. *Indicators for sustainable development*: theory, method, applications. A report to the Balaton Group. Winnipeg: IISD, 1999.

BUARQUE, S. C. *Metodologia de planejamento do desenvolvimento local e municipal sustentável*. Brasília: IICA, 1999.

CAPRA, F. *As conexões ocultas*: ciências para uma vida sustentável. Tradução de Marcelo Brandão Cipolla. São Paulo: Cultrix, 2002.

CASTOR, B. V. J. *O Brasil não é para amadores*: estado, governo e burocracia na terra do jeitinho. 2. ed. Curitiba: Travessa dos Editores, 2004.

DIVISION FOR SUSTAINABLE DEVELOPMENT (DSD). *Comission on Sustainable Development* (CSD). Disponível em: <http://www.un.org/esa/sustdev/csd/policy.htm>. Acesso em: 9 mar. 2007.

FREY, B. S.; STUTZER, A. *Happiness and economics*. New Jersey: Princeton University Press, 2002.

FREY, K. Políticas públicas: um debate conceitual e reflexões referentes à prática da análise de políticas públicas no Brasil. *Planejamento e Políticas Públicas*, Brasília: Ipea, n. 21, p. 211-259, jun. 2000. Disponível em: <http://www.ipea.gov.br/pub/ppp/ppp21/Parte5.pdf>. Acesso em: jan. 2007.

INSTITUTO DE ESTUDOS, FORMAÇÃO E ASSESSORIA EM POLÍTICAS NACIONAIS (POLIS). *Repente*, n. 26, dez. 2006. Disponível em: <http://www.polis.org.br/obras/arquivo_255.pdf>. Acesso em: jan. 2007.

GOUZEE, N.; MAZIJN, B.; BILLHARZ, S. Indicators of sustainable development for decision-making. In: WORKSHOP OF GHENT, Belgium, 9-11 January 1995. *Report of the Workshop of Ghent, Belgium*, 9-11 January 1995. Submitted to UN Comission on Sustainable Development. Federal Planning Office of Belgium, Brussels.

HAMMOND, A.; ADRIAANSE, A.; RODENBURG, E.; BRYANT, D.; WOODWARD, R. *Environmental indicators*: a systematic approach to measuring and reporting on environmental policy performance in the context of sustainable development. Washington, D.C.: World Resources Institut, 1995.

JAPIASSU, H. *Interdisciplinaridade e patologia do saber*. Rio de Janeiro: Imago, 1976.

KHAN, M. Desenvolvimento: significado, estratégias e metas. In: CAIDEN, G. E.; CARAVANTES, G. R. *Reconsideração do conceito de desenvolvimento*. Caxias do Sul: Educs, 1988. p. 37-43.

LOURENÇO, M. S. Políticas públicas e desenvolvimento. In: SILVA, C. L.; MENDES, J. T. G. (Org.). *Reflexões sobre o desenvolvimento sustentável*: agentes e interações sobre a ótica multidisciplinar. Petrópolis: Vozes, 2005. p. 41-58.

MORIN, E. *Ciência com consciência*. 7. ed. Rio de Janeiro: Bertrand Brasil, 2003.

PROGRAMA DAS NAÇÕES UNIDAS PARA O DESENVOLVIMENTO (PNUD). *Relatório de Desenvolvimento Humano (RDH) – 1999*. Disponível em: <http://www.pnud.org.br/rdh/>. Acesso em: 29 jan. 2006.

PUPPI E SILVA, H. *A influência da atividade econômica papeleira nos indicadores de desenvolvimento econômico e social de Telêmaco Borba e municípios vizinhos*. 2003.

Monografia – Graduação em Ciências Econômicas. Curitiba, Centro Universitário Franciscano do Paraná, 2003.

SACHS, I. *Caminhos para o desenvolvimento sustentável*. Rio de Janeiro: Garamond, 2000.

_____. *Estratégias de transição para o século XXI*: desenvolvimento e meio ambiente. Tradução de Magno Lopes. São Paulo: Studio Nobel/Fundação do Desenvolvimento Administrativo, 1993.

SECRETARIA MUNICIPAL DO MEIO AMBIENTE (SMMA). *Missão da Secretaria Municipal do Meio Ambiente*. Disponível em: <http://www.curitiba.pr.gov.br/Secretarias.aspx?org=5>. Acesso em: 30 out. 2005.

SILVA, C. L. (Org.). *Desenvolvimento sustentável*: um modelo analítico integrado e adaptativo. Petrópolis: Vozes, 2006.

_____. Desenvolvimento sustentável: um conceito multidisciplinar. In: SILVA, C. L.; MENDES, J. T. G. (Org.). *Reflexões sobre o desenvolvimento sustentável*: agentes e interações sob a ótica multidisciplinar. Petrópolis: Vozes, 2005. p. 11-40.

VASCONCELOS, E. M. *Complexidade e pesquisa interdisciplinar*: epistemologia e metodologia operativa. Petrópolis: Vozes, 2002.

VEIGA, J. E. *Desenvolvimento sustentável*: o desafio do século XXI. Rio de Janeiro: Garamond, 2005.

YOUNG, C. E. F. Public policies and deforestation in the Brazilian amazon. *Planejamento e Políticas Públicas*, Brasília: Ipea, n. 18, p. 181-203, dez. 1998. Disponível em: <http://www.ipea.gov.br>. Acesso em: jun. 2007.

CAPÍTULO 3

Indicadores: conceitos e aplicações

Christian Luiz da Silva
Simone Wiens

Sumário

Resumo – Introdução – 3.1 Indicadores de desenvolvimento sustentável – 3.2 Exemplos de indicadores – Considerações finais – Referências.

Resumo

A complexidade das realidades locais, distritais, municipais e metropolitanas, espaços que se ajustam e conflitam problemas socioambientais tão distintos, como a ausência de saneamento básico e o risco químico, os cidadãos e os clandestinos, os sobreviventes do trabalho e do lixo etc., coloca a urbanização em xeque. Essa realidade leva a se repensar o desenvolvimento urbano e sustentável. Neste capítulo, são apresentados alguns conceitos de indicadores desse desenvolvimento e suas aplicações. A importância da discussão destas reside no fato de haver alguns aspectos voltados para um município sustentável, como programas destinados à preservação ambiental, econômica e social e a importância da monitoração do aspecto sustentável. As aplicações de indicadores desse desenvolvimento aqui apresentadas são relativas à cidade de Seattle, nos Estados Unidos, à Fundação Gaia, na Ilha de Malta, e à cidade de Curitiba, no Paraná. Os conceitos e as aplicações são considerados importantes fatores que ajudam a comunidade a ter acesso a informações importantes sobre o desenvolvimento e todas as dimensões sustentáveis. A sociedade tem necessidade de trabalhar com ferramentas eficientes que orientem o processo decisório e as políticas públicas do local abordado. Para tal, serão apresentados os conceitos e as aplicações dos indicadores de desenvolvimento sustentável.

INTRODUÇÃO

O processo para o alcance da sustentabilidade, como comentado no capítulo anterior, leva a formulações estratégicas que resultam em políticas públicas. Estas, por sua vez, devem ter parâmetros de mensuração para que o acompanhamento, no decorrer do tempo, seja realizado, e isso ocorre pela utilização de indicadores.

Neste capítulo, serão apresentados o conceito de indicadores e como eles estão inseridos no desenvolvimento sustentável.

A complexidade das realidades locais, distritais, municipais e metropolitanas, espaços que se ajustam e conflitam problemas socioambientais tão distintos, como a ausência de saneamento básico e o risco químico, os cidadãos e os clandestinos, os sobreviventes do trabalho e do lixo etc., coloca a urbanização em xeque. Essa realidade leva a se repensar o desenvolvimento urbano e sustentável, do qual, segundo Dresner (2002), deve-se operacionalizar o conceito, apesar da dificuldade existente, devido à fusão de duas variáveis que seguem direções diferentes: a ambiental e a social.

Bossel (1998) reafirma a necessidade dessa operacionalização, a qual deve auxiliar na verificação ou ajudar na identificação de ameaças à sustentabilidade de um sistema. Trata-se de entender quais os fatores e as tendências ambientais estão em jogo, para que se possam definir medidas preventivas e corretivas possíveis.

Para avaliar os indicadores de desenvolvimento sustentável, deve-se, em primeiro lugar, definir o que eles são e como utilizá-los.

3.1 INDICADORES DE DESENVOLVIMENTO SUSTENTÁVEL

Indicador pode ser definido como aquele que indica e que orienta. Se o objetivo é a busca de uma medida para o desenvolvimento sustentável, ele deve ter a função de apontar para uma direção, ou mostrar em que ponto se chegou, com determinadas práticas e/ou políticas. "O objetivo dos indicadores é agregar e quantificar informações de modo que sua significância fique mais aparente" (BELLEN, 2005, p. 42).

Os indicadores comunicam ou informam acerca do progresso em direção a uma meta estabelecida, como o desenvolvimento sustentável, mas também podem ser entendidos como um recurso que deixa mais perceptível uma tendência ou fenômeno que não seja imediatamente detectável (HAMMOND, 1995). A partir de um determinado nível de agregação ou percepção, eles são definidos como variáveis individuais, ou como uma variável que é função de outras, ou seja, podem ser simples – descrevem, sem demora, um aspecto específico da realidade ou apresentam uma relação entre situações ou ações, possuindo excelência na realização de avaliações de setores e no cumprimento de pontos do programa de governo, permitindo, assim, conclusões rápidas e objetivas – ou compostos – apresentam, de forma sintética, um conjunto de aspectos da realidade; agrupam, em um único número, vários indicadores simples, estabelecendo algum tipo de média entre eles, fundamentais para a realização de julgamentos de valor, e de comparações entre as principais tendências políticas de desenvolvimento sustentável.

Um indicador permite a obtenção de informações sobre uma determinada realidade, podendo sintetizar um conjunto complexo de informações e servir como um instrumento de previsão (WIENS; RAULI; ARAÚJO, 2006).

A relação entre dados primários e indicadores, denominada pirâmide de informações (HAMMOND, 1995), é apresentada na Figura 1.

Figura 3.1 Relação entre os dados primários de indicadores

Fonte: Hammond et al. (1995).

O retrato de uma sociedade sustentável é marcado pela dinamicidade, assim como o desenvolvimento sustentável, cujo objetivo é encontrar a sustentabilidade de um sistema, e os indicadores, cuja utilização é útil para que esta seja alcançada.

A ideia de desenvolver indicadores de sustentabilidade surgiu na Conferência Mundial sobre o Meio Ambiente (Rio-92), conforme registra seu documento final, a Agenda 21, intitulado *Informação para Tomada de Decisões*. A proposta era definir padrões sustentáveis de desenvolvimento que considerassem aspectos ambientais, econômicos, sociais, éticos e culturais. Para isso, tornou-se necessário definir indicadores que a mensurassem, monitorassem-na e a avaliassem.

Esses indicadores fornecem uma visão geral da saúde de uma comunidade, da mesma forma que a temperatura corporal e a pressão arterial apresentam uma visão geral da saúde de uma pessoa. Por meio deles, podem-se ter mais detalhes sobre o diagnóstico e a identificação de coordenadas para a tomada de decisões. Eles apontam a direção de deslocamento de um aspecto de determinada comunidade ou ambiente: para frente, para trás, se está ocorrendo ou não o crescimento e o desenvolvimento etc.

Bell e Morse (2003) definem indicadores como excelentes ferramentas para quem visa um objetivo comum. Quando projetados corretamente, podem prevenir uma comunidade sobre um problema potencial ou uma tendência negativa antes que seus efeitos se tornem irreversíveis; demonstrar os enlaces entre grandes sistemas sociais, econômicos e ambientais; ajudar na identificação das causas de problemas complexos; medir a eficácia das políticas e dos projetos e, sobretudo, simplificar e seguir detalhadamente o progresso de uma comunidade para com seus objetivos.

Esses indicadores são formas de representação quantificáveis das características dos produtos e dos processos, utilizados para controlar e melhorar os resultados e são ligados às características de qualidade e de desempenho, o que pressupõe esforço. Por intermédio deles, a apuração de resultados permite uma avaliação do desempenho da organização no período em relação à meta e a outros referenciais, subsidiando as tomadas de decisões e a reformulação, ou readequação, do planejamento. Assim como o desenvolvimento sustentável, os indicadores também devem ser dinâmicos. Afinal, o mundo está sempre mudando. Portanto, o retrato de uma sociedade sustentável também é dinâmico (WIENS, 2007).

Os indicadores, cuja eficácia depende dos critérios estabelecidos, refletem a visão de valores importantes e podem afetar e inspirar mudanças de comportamento de um sistema inteiro, por meio de sua presença ou ausência, sua exatidão, seu uso ou não etc., ou seja, o simples fato de ter essa informação pode modificar o comportamento de uma sociedade. Além disso, eles são tão variados como os tipos de sistemas que monitoram.

É comum, entre os técnicos da área, a criação de uma lista de critérios para a escolha de indicadores. Para o desenvolvimento sustentável, há uma ênfase em selecionar os que sejam relevantes ao objeto de estudo. Assim, por exemplo, pode-se dizer que um indicador deve ser específico, mensurável (quantitativo), prático, sensível a mudanças, disponível (os dados necessários) e com um custo eficaz (para adquirir os dados, deve-se verificar o custo-benefício). Há outros critérios, além desses, apresentados no Quadro 3.1.

Quadro 3.1 Sugestão de critérios para ajudar na seleção de indicadores de desenvolvimento sustentável

Critérios	Questões
Envolvimento da comunidade	Eles são aceitos pelos interessados?
Vínculo	Existe vínculo entre o social, o econômico e o ambiental?
Validação	Eles mensuram algo relevante?
Disponibilidade	Os dados estão disponíveis?
Estabilidade e confiabilidade	Eles estão compilados a um método sistemático?
Compreensibilidade	Eles são simples suficientes para serem compreendidos por leigos?
Responsivo	Eles respondem rapidamente a mudanças?
Relevância política	Eles são relevantes para a política?
Representativo	Eles cobrem as dimensões importantes para a área?
Flexível	Os dados estarão disponíveis no futuro?
Pró-ativo	Eles agem como um aviso mais do que mensuram um ambiente já existente?

Fonte: Adaptado de Bell e Morse (2003, p. 31).

Outra orientação, apresentada pelos autores Bell e Morse (2003), refere-se aos aspectos essenciais para a viabilidade de um indicador que tenha a sensibilidade de monitorar o processo de desenvolvimento sustentável, como apresentado no Quadro 3.2.

Quadro 3.2 Orientações básicas para um sistema sustentável

Orientação básica	Questões-chave
Capacidade de existir	O sistema é compatível e hábil para existir no ambiente particular?
Eficiência e eficácia	É eficaz e eficiente?
	Eles mensuram algo relevante?
Liberdade para mudança	Existe a liberdade necessária para responder a mudanças?
Segurança	É seguro e estável?
Adaptabilidade	Pode ser adaptável a desafios?
Coexistente	É compatível com outros sistemas?
Necessidades psicológicas	É compatível com necessidades psicológicas e culturais?

Fonte: Adaptado de Bell e Morse (p. 37, 2003).

Em todos os métodos, surgem características comuns para a seleção de indicadores de desenvolvimento sustentável, os quais, de acordo com Bell e Morse (2003), devem incorporar questões fundamentais, como recursos e resíduos, poluição, biodiversidade, necessidades básicas locais, saúde, viver sem medo, pobreza e cultura.

Existem, naturalmente, opiniões diversas sobre qual indicador é o melhor para cada categoria e como se deve mensurá-lo – consequentemente, o que é melhor ou pior no desenvolvimento sustentável, o que ocorre devido à existência de inúmeros sistemas e de projetos sobre o tema.

Dahl (1997) afirma que o maior desafio dos indicadores é fornecer um retrato da situação de sustentabilidade, de uma maneira simples, apesar da incerteza e da complexidade. O autor ainda ressalta, como importantes fatores na construção dos indicadores, a diferença dos países, a questão da diversidade cultural e os diferentes graus de desenvolvimento.

É necessário também que se encontrem, para uma dada região, indicadores específicos que tenham interfaces com as outras áreas citadas: social, econômica, espacial e cultural.

Para Gallopin (1996), a função básica e principal desses indicadores é apoiar e melhorar a política ambiental e o processo de tomada de decisão em diferentes níveis.

Já Bell e Morse (2003) discutem a diversidade e a complexidade dos indicadores de sustentabilidade, questionam quais devem ser utilizados, como medi-los e usá-los e defendem também que sua utilização é constante pelas pessoas, mesmo que elas não percebam. Assim, os autores ressaltam que o indicador a ser utilizado depende do que se quer alcançar, de que forma será aplicado, qual será a medida pretendida e qual será seu público-alvo.

Ainda existe uma indefinição sobre a utilização de indicadores qualitativos e quantitativos, e somente sua utilização é que definirá sua natureza. Bossel (1998) afirma que se houver dúvida quanto à quantidade de indicadores utilizados, ela deve ser a menor possível, mas não menos que o mínimo necessário para a obtenção de resultados satisfatórios.

Bell e Morse (2003), assim como Hicks e Streeten (1998), discutem a agregação como forma de facilitar a leitura da informação pelo público e pelos tomadores de decisão – que, em última instância, não estão preocupados com os detalhes, mas sim com aquilo que acontece no âmbito geral. Os autores sugerem, para tanto, dois modelos: um poderia manter os indicadores totalmente separados, mas apresentados juntos em uma única tabela ou diagrama; o outro os combinaria, produzindo também um quadro.

Esses autores afirmam, ainda, que os indicadores que utilizam medidas monetárias podem parecer mais simples de serem agregados. Mas nem sempre isso é possível, pois nem todo processo envolvendo desenvolvimento sustentável pode ser valorado.

Ao se definir os indicadores utilizados – que constituem um importante instrumento para que as pessoas trabalhem em torno de um mesmo objetivo –, os resultados apontados devem ser comunicados para quem pretende utilizá-los, incluindo, nessa perspectiva, o alerta aos tomadores de decisão quanto aos assuntos mais emergentes e sensíveis, a formulação de políticas, a simplificação e o desenvolvimento da comunicação e a fomentação do entendimento comum do direcionamento a ser tomado para promover as iniciativas necessárias às ações nacionais. A seguir, serão apresentadas algumas aplicações do uso de indicadores de desenvolvimento sustentável.

3.2 EXEMPLOS DE INDICADORES

Cidadãos de várias cidades estão criando movimentos em busca de sustentabilidade. Seattle, nos Estados Unidos, é um exemplo de cidade onde várias pessoas, estudantes, empresários, grupos ambientais, representantes do governo local e educadores etc., juntaram-se para fundar a "Seattle Sustentável" (SUSTAINABLE SEATTLE, 2006).

Foi o desafio lançado no Rio-92 que inspirou os habitantes dessa cidade norte-americana a criar um movimento cívico em prol de uma sustentabilidade. Em 1993, foi publicado o primeiro trabalho com 20 indicadores de desenvolvimento sustentável. Nos anos seguintes, o trabalho foi crescendo, e foram obtidos 40, em 1995. O relatório foi enviado ao Conselho do Desenvolvimento Sustentável dos Estados Unidos, à Comissão Europeia, ao Fórum Global na Inglaterra, entre outros, recebendo vários prêmios e o reconhecimento com excelência em indicadores pelo Centro de Acordos Humanos das Nações Unidas na Conferência do Habitat II, em 1996.

Alguns indicadores mostraram melhorias, como a qualidade do ar e o consumo de água. No entanto, outros apresentaram declínio, como energia renovável e não renovável. Teve também aqueles que não apresentaram melhorias e nem declínios, como erosão do solo e crimes juvenis, ou que não mostraram dados suficientes para que se pudesse chegar a alguma conclusão, como saúde ecológica e os jovens envolvidos em serviços comunitários.

Atualmente, o programa trabalha em conjunto com várias organizações e membros da comunidade de Seattle, em busca de melhorar a qualidade de vida dos habitantes e desenvolver e implementar políticas públicas, ações e melhorias para atingir a sustentabilidade – o que eles definem como *Long-term health and vitality: cultural, economic, environmental and social*[1] (SUSTAINABLE SEATTLE, 1998).

Outro modelo de desenvolvimento sustentável é a Fundação Gaia, uma organização formada para proteger o meio ambiente da ilha de Malta e promover uma vida sustentável.

Criada em junho de 1994 para promover e implementar meios pelos quais a humanidade poderia interagir, de maneira significativa, com o seu meio, sem negar às futuras gerações o direito de fazer o mesmo, tem como objetivo uma gestão integrada para proteger áreas especiais da zona costeira nas ilhas de Malta. Em agosto de 1996, a Fundação firmou um contrato com o Departamento de Proteção ao Meio Ambiente para gerenciar a proteção nessa área costeira. Esse contrato tem como principais objetivos:

- entender e encontrar meios de proteger a ecologia paisagística;
- restaurar o meio ambiente e cultural das paisagens;
- melhorar o aproveitamento dos visitantes às paisagens;
- informar e educar o público sobre o conceito da sustentabilidade.

A realização desse projeto depende não só da dedicação e do trabalho árduo da organização, como também do apoio da sociedade em geral, do governo nacional e local, dos agentes públicos e das organizações. O objetivo coletivo da Fundação é construir um protótipo para uma sociedade sustentável na ilha de Malta.

Nos dias atuais, existe um Plano de Ação Mediterrâneo (MAP) e uma série de programas de gestão para áreas costeiras, a qual está associada a várias agências e organizações desse MAP. Um desses programas é o Plano Azul (BP), que trabalha com sistemas de análise de perspectivas e dá assistência no desenvolvimento e na gestão de projetos elaborados no Mediterrâneo, encorajando atividades e facilitando processos que se preocupam com o desenvolvimento sustentável.

De 2000 a 2002, foi elaborado um projeto para escolha de indicadores, em Malta, utilizando o Sistema Sustentável de Análise de Perspectiva (SPSA). Esse

---

[1] A saúde e a vitalidade cultural, econômica, ambiental e social a longo prazo.

sistema utiliza a metodologia de Análise Sistêmica de Sustentabilidade (SSA), que é uma metodologia criada para o desenvolvimento de indicadores de desenvolvimento sustentável.

O SSA foi projetado, originalmente, para tratar de todos os estágios do ciclo de aprendizagem, com a revivência da experiência passada, o planejamento e a modelagem para o presente, a visão para o futuro e a absorção do que foi aprendido (BELL; MORSE, 2003). Nesse sentido, o SSA tem incluído a reflexão, o futurismo, o sistemismo e a modelagem. O SPSA, adaptado do SSA, pode mensurar impactos na prática e desenvolver políticas públicas – um dos objetivos do BP.

O Projeto Gaia utilizou o sistema SPSA para desenvolver indicadores de desenvolvimento sustentável nas seguintes áreas temáticas: turismo e saúde; controle de erosão; gestão de recursos hídricos; conservação de áreas marinhas; e gestão de áreas costeiras sustentáveis. Cada uma dessas áreas envolvia uma equipe que apresentou vários indicadores, os quais, posteriormente, foram levados à comunidade para gerar cenários múltiplos ao desenvolvimento sustentável de Malta.

No Brasil, também é possível ver sociedades e pessoas cada vez mais preocupadas com o meio ambiente e com o desenvolvimento sustentável de suas regiões. Como o objetivo deste trabalho não visa analisar cidades de outros Estados, e tampouco foi encontrado algum sistema em busca da sustentabilidade como os citados anteriormente, será abordada apenas a cidade de Curitiba, capital do Estado do Paraná.

Curitiba é a única cidade brasileira a entrar no século XIX como sendo uma referência nacional e internacional de planejamento urbano e de qualidade de vida. Em março de 2001, uma pesquisa patrocinada pela Organização das Nações Unidas (ONU) apontou essa cidade como a melhor capital do Brasil pelo Índice de Condições de Vida – ICV – (PREFEITURA MUNICIPAL DE CURITIBA, 2006). Como se verá nas próximas seções, a qualidade de vida está inserida na qualidade ambiental, objeto deste estudo.

A cidade de Curitiba enfrentou, especialmente nos anos de 1970, uma urbanização acelerada, em grande parte provocada pelas migrações do campo oriundas da substituição da mão de obra agrícola pelas máquinas. Em 1970, sua população era de 609.026 habitantes. Em 2000, já contava com 1.587.315, sendo 100% urbana (IPPUC, 2006).

O Brasil, nos anos de 1960, ainda era um país agrícola, com uma taxa de urbanização de apenas 44,7%. Esta, em 1980, passou para 67,6%. Entre 1991 e 1996, houve um acréscimo de 12,1 milhões de habitantes urbanos, e essa taxa registrou 78,4% (IBGE, 2006).

De acordo com a Secretaria Municipal do Meio Ambiente (SMMA, 2005), a missão da Secretaria é de "[...] formular, planejar e executar a política de preservação e conservação ambiental do Município, de forma integrada e compartilhada com a população, promovendo a continuidade e elevação da qualidade de vida." Curitiba continua induzindo o crescimento por meio do planejamento urbano – investindo em infraestrutura de transporte coletivo, sistema viário, urbanização, equipamentos públicos, saneamento e preservação ambiental. A cidade vive para identificar e apoiar as potencialidades e o desenvolvimento econômico local para o sustentável, nas áreas de indústria, comércio, serviços, turismo e agricultura.

Ocorre também, como em qualquer local onde a atenção com o desenvolvimento econômico é grande, uma preocupação com o uso dos recursos econômicos e naturais. Estes, de acordo com vários economistas, devem ser analisados em conjunto e podem ser entendidos como uma vantagem econômica importante, chamada de capital natural. A sua gestão do estoque é crítica para manter o desenvolvimento econômico sustentável, como afirmam López e Toman (2006, p. 25).

A administração da cidade de Curitiba, que era um modelo participativo, com detecção de problemas, investimentos dirigidos, falta de critério e discussão interminável, passou para um modelo colaborativo, no qual predominam o planejamento integrado, a gestão compartilhada, as soluções conjuntas e o debate de prioridades.

Curitiba, com 51 m^2 de área verde por habitante, totaliza aproximadamente 81 milhões de m^2, um dos melhores índices do país. Essa característica já rendeu à cidade, em 1990, o United Nations Environment Program (Unep), prêmio máximo na área de meio ambiente.

Destacam-se também alguns programas de separação domiciliar e de coleta seletiva de lixo reciclável, os quais vêm sendo pensados e aplicados também pelas cidades vizinhas de Curitiba (PREFEITURA MUNICIPAL DE CURITIBA, 2006).

Esse município ainda desenvolve gestão democrática, participativa e integrada de conhecimento e promove ações em diversos setores (NAGEM, 2006). A sustentabilidade da cidade depende de políticas para o incentivo à habitação, à proteção ao patrimônio histórico e cultural e à preservação ambiental.

CONSIDERAÇÕES FINAIS

A importância da discussão sobre a aplicação de indicadores reside no fato de haver alguns aspectos voltados para um município sustentável, como programas destinados à preservação ambiental, econômica e social e a importância da monitoração do aspecto sustentável. Porém, para isso, são necessárias informações técnicas ou de indicadores para agentes locais e para a comunidade, que são válidas para a implementação de políticas públicas relacionadas ao desenvolvimento sustentável local. De acordo com López e Toman (2006, p. 229), o acesso da informação apropriada é vital para o sucesso de implementação de todas as políticas.

Norton (2005, p. 154) afirma que, ao se fazer avaliações sobre um local, a comunidade é ajudada por poder ter acesso a informações importantes sobre o desenvolvimento em todas as dimensões sustentáveis, o que é facilitado por meio da apresentação em indicadores e/ou índices.

Quando são discutidos a sustentabilidade e seus indicadores, julgamentos de valor estão sempre presentes nos sistemas de avaliação. E, dentro do contexto do desenvolvimento sustentável, podem ser implícitos – difíceis de observar, inconscientes e relacionados às características pessoais de uma determinada sociedade (cultura) – ou explícitos – tomados conscientemente e que compreendem uma parte fundamental do processo de criação de indicadores.

A transformação de uma qualidade (grau de sustentabilidade do desenvolvimento) em quantidade (expressa pelo índice geral de sustentabilidade) é fruto da necessidade que a sociedade tem de trabalhar com ferramentas eficientes que orientem o processo decisório e as políticas públicas do local em questão.

REFERÊNCIAS

BELL, S.; MORSE, S. *Measuring sustainability*: learning from doing. London: Earthscan, 2003.

BELLEN, H. M. V. *Indicadores de sustentabilidade*: uma análise comparativa. Rio de Janeiro: FGV, 2005.

BOSSEL, H. *Earth at a crossroads*: paths to a sustainable future. Cambridge: Cambridge University Press, 1998.

DAHL, A. L. The big picture: comprehensive approaches. In: MOLDAN, B.; BILHARZ, S. (Ed.). *Sustainability indicators*: report of the project on indicators of sustainable development. Chichester: John Wiley & Sons, 1997.

DRESNER, S. *The principles of sustainability*. London: Earthscan, 2002.

GALLOPIN, G. C. Environmental and sustainability indicators and the concept of situational indicators. A system approach. *Environmental Modelling & Assessment*, n. 1, p. 101-117, 1996.

HAMMOND, A. et al. *Environmental indicators*: a systematic approach to measuring and reporting on environmental policy performance in the context of sustainable development. Washington, D.C.: World Resources Institute, 1995.

HICKS, N.; STREETEN, P. Indicadores de desenvolvimento: a busca de uma unidade de medida de necessidades básicas. In: CAIDEN, G. E.; CARAVANTES, G. R. *Reconsideração do conceito de desenvolvimento*. Caxias do Sul: Educs, 1988. p. 71-98.

INSTITUTO BRASILEIRO DE GEOGRAFIA E ESTATÍSTICA (IBGE). Disponível em: <http://www.sidra.ibge.gov.br/bda/popul/default.asp?t=3&z=t&o=21&u1=1&u2=1&u3=1&u4=1&u5=1&u6=1>. Acesso em: 17 mar. 2006.

INSTITUTO DE PESQUISA E PLANEJAMENTO URBANO DE CURITIBA (IPPUC). Disponível em: <http://www.ippuc.org.br/>. Acesso em: 18 ago. 2006.

LÓPEZ, R.; TOMAN, M. A. *Economic development & environmental sustainability*: new policy options. New York: Oxford University Press, 2006.

NAGEM, J. V. G. *Gestão de conhecimento no setor público brasileiro*: estudo de caso das ações preliminares para implantação do sistema integrado de informações da prefeitura municipal de Curitiba. 2006. Dissertação – Mestrado em Organizações e Desenvolvimento. Programa de Pós-graduação Multidisciplinar em Organizações e Desenvolvimento, Centro Universitário Franciscano do Paraná (Unifae), Curitiba, 2006.

NORTON, B. G. *Sustainability*: a philosophy of adaptive ecosystem management. Chicago: The University of Chicago Press, 2005.

PREFEITURA MUNICIPAL DE CURITIBA. *Perfil da cidade*. Disponível em: <http://www.curitiba.pr.gov.br/Cidade.aspx>. Acesso em: 30 maio 2006.

SACHS, I. Desenvolvimento sustentável, bioindustrialização descentralizada e novas configurações rural-urbanas: os casos da Índia e do Brasil. In: VIEIRA, P. F.; WEBER, J. (Org.). *Gestão de recursos naturais renováveis e desenvolvimento*: novos desafios para a pesquisa ambiental. São Paulo: Cortez, 1997.

SECRETARIA MUNICIPAL DO MEIO AMBIENTE (SMMA). *Missão da Secretaria Municipal do Meio Ambiente*. Disponível em: <http://www.curitiba.pr.gov.br/Secretarias.aspx?org=5>. Acesso em: 30 out. 2005.

SUSTAINABLE SEATTLE. *History*. Disponível em: <http://www.sustainableseattle.org/>. Acesso em: 5 ago. 2006.

_____. *Indicators of sustainable community*. Seattle, 1998.

THE GAIA FOUNDATION. *Project Gaia*. Disponível em: <http://www.projectgaia.org/home.htm>. Acesso em: 5 ago. 2006.

WIENS, S. *Índice de qualidade do ambiente sustentável para os bairros de Curitiba*. 2007. 124 f. Dissertação – Mestrado em Organizações e Desenvolvimento. Programa de Pós-graduação Multidisciplinar em Organizações e Desenvolvimento, Centro Universitário Franciscano do Paraná (Unifae), Curitiba, 2007.

WIENS, S.; RAULI, F. C.; ARAÚJO, F. T. Indicadores. In: SILVA, C. L. (Org.). *Desenvolvimento sustentável*: um modelo analítico integrado e adaptativo. Rio de Janeiro, 2006.

CAPÍTULO 4

Instrumentos de gestão pública

Bernardo Patrício Netto
César Reinaldo Rissete
Heloísa de Puppi e Silva
Moisés Francisco Farah Junior

Sumário

Resumo – Introdução – 4.1 Governabilidade, governança e planejamento em gestão pública no Brasil – 4.1.1 O plano plurianual – 4.1.2 Programa de gestão pública e o plano plurianual – 4.1.3 Impasses e obstáculos do processo de planejamento – 4.2 Ciclos recentes de planejamento governamental no Brasil – Considerações finais – Referências.

Resumo

A sustentabilidade é um dos anseios da população, e o Estado, como um dos participantes desse processo, e entidade responsável pela representação do povo, tem por obrigação utilizar, da melhor forma possível, os recursos e os instrumentos de que dispõe para atendê-la. Trata-se do pensar e do agir estrategicamente para suprir tais demandas, uma vez que a identificação de problemas, a elaboração e a implementação de planos, programas, projetos e ações, e, em especial, o monitoramento, o acompanhamento e a avaliação dessas etapas conformam o processo de planejamento do Estado. O objetivo deste capítulo consiste na apresentação do amadurecimento das principais ferramentas de gestão pública utilizadas nos últimos anos, enfatizando o Plano Plurianual, a Lei das Diretrizes Orçamentárias, a Lei Orçamentária Anual e a Lei de Responsabilidade Fiscal. Conhecer e analisar o processo de planejamento reflete na consolidação e no amadurecimento da gestão pública do Estado.

INTRODUÇÃO

O governo, conforme as atribuições que lhes são conferidas, deve representar e atender aos anseios do Estado, pensando e agindo, de modo estratégico e planejado, para o bem-estar público. Para que isso ocorra, precisa identificar os desejos e os problemas e pensar, propor e implementar soluções. No entanto, essas etapas decorrem de um processo delicado: o planejamento, que é uma ferramenta utilizada por pessoas e por organizações para assegurar que os objetivos almejados sejam alcançados, ou seja, é preciso pensá-lo como um processo que se inicia no conhecimento dos problemas, passando pelo estabelecimento de seus objetivos e traçando caminhos para atingi-los e consolidá-los. No setor público, o planejamento está prescrito nas questões constitucionais e legais, além de estar voltado para o interesse do Estado, principalmente para solucionar as ineficiências do mercado, que são resultantes das insuficiências de infraestrutura, de renda, de educação, de saúde, do ambiente, entre outras.

No decorrer dos anos, assim como ocorre com o setor privado, o Estado aprendeu a planejar, criando ferramentas e meios necessários para que o objetivo de atender ao bem-estar de todos fosse alcançado. Trata-se de um aprendizado contínuo, um processo de amadurecimento, de âmbito político, governamental, societário e estatal. Todas as instâncias do Estado tomam conhecimento sobre seus papéis e suas contribuições ao planejamento, o que acarreta, com o passar do tempo, alterações no processo e nos seus elementos constitutivos. Além disso, deve-se lembrar que, por mais que o setor público tenha recursos financeiros para fazer seu planejamento, ele não detém todas as competências, conhecimentos e habilidades para buscar, de forma isolada, resoluções das falhas de mercado e nem os desequilíbrios de um processo de desenvolvimento, como o verificado no Brasil – país de industrialização tardia e de ocupação territorial não planejada. Isso afirma que todo o processo de planejamento depende de uma construção conjunta, o que requer a participação da sociedade civil e do setor privado, representados nas gestões governamentais.

O Estado brasileiro vem passando, desde a década de 1980, por grandes mudanças, tanto em seu papel social quanto em suas formas de gestão. Neste, destacam-se, especialmente, as alterações que incidiram, nos últimos anos, sobre os modelos de gerência e sobre o processo de planejamento, com a Constituição Federal de 1988, contribuindo para o desenvolvimento de uma nova cultura gerencial no setor público. Essas mudanças representam respostas às transformações no ambiente nacional e mundial e têm por objetivo assegurar ao Estado sua capacidade de planejamento, gestão, governança e governabilidade, conferindo maior efetividade da sua ação no atendimento das demandas da sociedade.

Alguns impasses e obstáculos ao processo de planejamento merecem ser citados: a visão segregada dos problemas e das soluções; a cultura da "sobrevivência institucional" do setor público, talvez do estamento; o uso equivocado do poder pelas gestões governamentais, as quais não atendem aos interesses do Estado, mas sim de um grupo que ocupa temporariamente o posto político; e os desequilíbrios dos investimentos, ora por falta de conhecimento do local, ora por interesse político.

Entender o amadurecimento desse processo refere-se ao autoconhecimento do Estado, o que resulta em análises pertinentes à constante ação de melhorias. Portanto, a verificação de como se estabeleceram as últimas gestões de planejamento e o uso de ferramentas é a finalidade dessa discussão reflexiva, que possibilita o suprimento científico do exercício e da fenomenologia da gestão pública – esta, por sua vez, considera que o planejamento, ainda que de forma preliminar, vem amadurecendo para garantir o atendimento das necessidades públicas. Entre outras contribuições, o conhecimento sobre esse assunto alimenta discussões sobre a busca da sustentabilidade, na qual o setor público é visto como uma das entidades dessa construção conjunta.

Este capítulo trará, na primeira seção, uma abordagem sobre governabilidade, planejamento, gestão governamental e instrumentos de planejamento público. Na segunda seção, serão apresentados os ciclos recentes de planejamento governamental no País e, por fim, as considerações finais.

4.1 GOVERNABILIDADE, GOVERNANÇA E PLANEJAMENTO EM GESTÃO PÚBLICA NO BRASIL

A governabilidade consiste na capacidade conferida pela sociedade ao Estado para o exercício do poder, a governança e o empreendimento das transformações necessárias. Essa atribuição se materializa, de início, na reunião de condições políticas derivadas da legitimidade democrática do Estado – o qual deve ter a capacidade de agregar os interesses dispersos na sociedade e obter apoio às suas políticas, além de articular alianças, coalizões e pactos para a viabilização de um projeto comum –, e se relaciona com a consagração eleitoral e o apoio político partidário. É, portanto, a autoridade política do Estado em si.

A fonte da governabilidade está nos cidadãos e na cidadania organizada – partidos políticos, associações e outras instituições representativas –, e seu fortalecimento decorre da consolidação da democracia e da incorporação de setores da sociedade civil ao interior do aparelho de Estado, ou seja, do incremento da participação dos cidadãos, bem como do "[...] aprofundamento dos mecanismos democráticos de responsabilização dos administradores e transparência na administração pública" (CLAD, 1998, p. 34).

A governança, que tem como premissa a governabilidade, é a capacidade de o Estado formular e implementar suas políticas, empreender as transformações necessárias e transformar em realidade as decisões políticas relacionadas com o projeto de Estado e sociedade. No entanto, essa capacitação depende das situações financeira, gerencial e técnica, necessárias para a realização do programa de governo e para a execução das políticas públicas.

O objetivo fundamental das diversas tentativas de reforma do Estado e de seu processo de gestão é buscar a ampliação da capacidade de governança, isto é, melhorar a formulação e a implementação das políticas públicas ante a escassez de recursos e a enorme demanda por serviços públicos, principalmente os que são direcionados à população de menor nível de renda.

Para muitos autores, como Silva (2000), não há, no Brasil, crise de governabilidade – que alcançou níveis satisfatórios – devido, sobretudo, à recente redemocratização e à adoção de legislação que buscou disciplinar a ação financeira do Estado. Há, no entanto, crise de governança, expressa pelas finanças e pelo desempenho da máquina governamental. No intuito de auxiliar o Estado a resgatar sua capacidade de governança, foram implantados na gestão pública, e que constam no Artigo 165 da Constituição Federal de 1988 (BRASIL, 1988), o Plano Plurianual (PPA), a Lei de Diretrizes Orçamentárias (LDO) e a Lei Orçamentária Anual (LOA). Além disso, em 4 de maio de 2000, com o título de Lei de Responsabilidade Fiscal (LRF), foi estabelecida a Lei Complementar n. 101

(BRASIL, 2000). Trata-se de quatro instrumentos de planejamento, sendo que a LRF incide sobre o PPA, a LDO e a LOA, conforme a disposição na Figura 4.1.

As determinações constitucionais são as referências para o modelo atual de modernização do planejamento e da gestão governamental, em razão da forma como foi definida a integração entre plano e orçamento, com a criação do PPA, da LDO e da LOA. A Carta, promulgada em 1988, definiu a relação entre esses três instrumentos legais, bem como os prazos para elaboração e vigência. Tanto a proposta de PPA como os projetos de lei que tratam dos orçamentos são, por exigência constitucional, encaminhados pelo Poder Executivo ao Poder Legislativo, que pode alterá-los nos limites da legislação. Este, assim, tem poder de decisão final sobre as propostas contidas nos planos e orçamentos, pois funciona como instância de legitimação política.

Dessa forma, as ações do Estado estão expressas na LDO e na LOA, como a organização de sua gestão, a aplicação de recursos e o atendimento de prioridades da população, no curto prazo. Por meio dessas ferramentas, o governo também cria indicadores que medem o desempenho e o alcance das suas políticas públicas, dos seus programas e de suas atividades.

A LRF veio reforçar, em definitivo, a integração entre o planejamento e o orçamento, estabelecendo vínculos ainda mais claros entre o PPA, a LDO e a LOA e proporcionando maior transparência ao gasto público.

O Decreto n. 2.829, de 29 de outubro de 1998, do Governo Federal, foi o ponto de partida para a normatização da elaboração e gestão dos Planos Plurianuais e Orçamentos. E suas inovações buscaram imprimir uma perspectiva mais gerencial aos processos públicos de planejamento, de orçamento e de gestão (BRASIL, 1998).

Para tanto, estabelece-se que "... toda ação finalística do Governo será estruturada em programas, orientados para a consecução dos objetivos estratégicos do Plano no período", definindo ação finalística como aquela que "[...] produz bem ou serviço para atendimento direto a demandas da sociedade" (BRASIL, 1998).

O Decreto define também a estrutura dos programas, fixa critérios para avaliação, indica os elementos básicos de seu gerenciamento e estabelece princípios para a elaboração do PPA.

Com as novas definições desse Decreto e com as organizações da classificação funcional, a administração pública passou a adotar programas que tivessem por objetivo solucionar problemas e atender demandas da sociedade, o que permitiu orientar a gestão por resultados e definir a ligação entre plano e orçamento.

A reformulação da classificação funcional-programática foi feita com a edição da Portaria n. 117, de 6 de outubro de 1998, alterada pela Portaria n. 42, de 14 de abril de 1999, do Ministério do Planejamento, Orçamento e Gestão. Na nova discriminação funcional, as ações governamentais passaram a ser identificadas por sua função, subfunção, programa, projeto, atividade e operações especiais (BRASIL, 1998).

As modificações introduzidas na atual classificação funcional tiveram como principal objetivo tornar a administração pública menos burocrática e mais gerencial, focada nos problemas da sociedade e comprometida com resultados.

Figura 4.1 Relações entre Constituição Federal de 1988, PPA, LDO, LOA e LRF

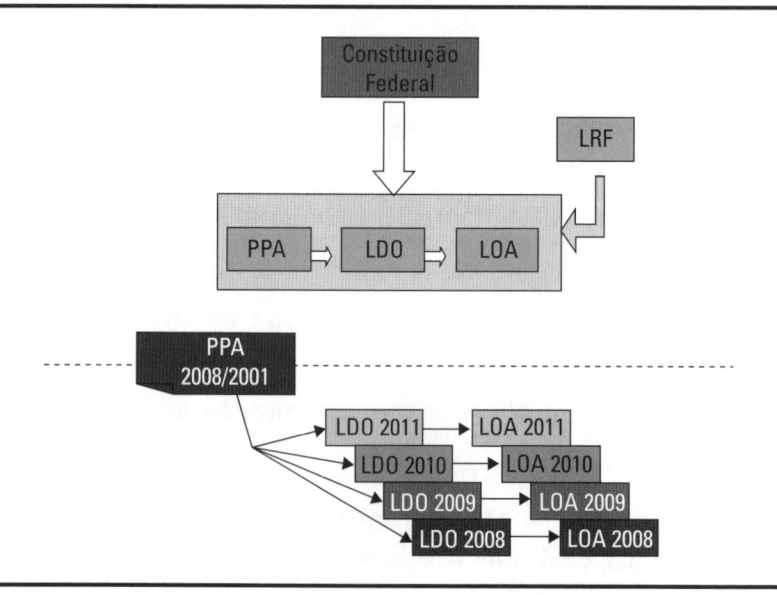

Fonte: Elaborado pelos autores.

O PPA é um instrumento de planejamento a médio prazo, no qual são estabelecidos, de forma regionalizada, as diretrizes, os objetivos e as metas da administração pública, considerando as despesas de capital e outras decorrentes destas para um período de quatro anos, além daquelas relativas a programas de prazo maior que sua vigência. Dessa forma, o PPA, a cada ano, retrata as metas previstas na LDO e na LOA, por meio da execução e da implementação de programas e atividades do setor público, em suas respectivas esferas de poder. Enquanto a LDO relaciona as metas e prioridades para os exercícios financeiros, de acordo com o apresentado no PPA, a LOA é provedora dos recursos necessários para cada ação que consta na LDO.

O trecho extraído da Constituição Federal de 1988 apresenta, de modo claro, as competências de cada ferramenta de planejamento (Quadro 1), tendo em vista a elaboração das leis do PPA, LDO e LOA.

Quadro 4.1 Artigo 165 (leis de iniciativa do Poder Executivo)

I – O plano plurianual	II – As diretrizes orçamentárias	III – Os orçamentos anuais
§ 1º A lei que instituir o plano plurianual estabelecerá, de forma regionalizada, as diretrizes, objetivos e metas da administração pública federal para as despesas de capital e outras delas decorrentes e para as relativas aos programas de duração continuada.	§ 2º A lei de diretrizes orçamentárias compreenderá as metas e prioridades da administração pública federal, incluindo as despesas de capital para o exercício financeiro subsequente, orientará a elaboração da lei orçamentária anual, disporá sobre as alterações na legislação tributária e estabelecerá a política de aplicação das agências financeiras oficiais de fomento.	§ 5º A lei orçamentária anual compreenderá: I – o orçamento fiscal referente aos Poderes da União, seus fundos, órgãos e entidades da administração direta e indireta, inclusive fundações instituídas e mantidas pelo Poder Público; II – o orçamento de investimento das empresas em que a União, direta ou indiretamente, detenha a maioria do capital social com direito a voto; III – o orçamento da seguridade social, abrangendo todas as entidades e órgãos a ela vinculados, da administração direta ou indireta, bem como os fundos e fundações instituídos e mantidos pelo Poder Público.

Fonte: Constituição Federal de 1988.

A observação do ciclo de planejamento e a relação entre PPA, LDO e LOA ficam visíveis na distribuição anual dos encaminhamentos e na aprovação das leis (Figura 4.2).

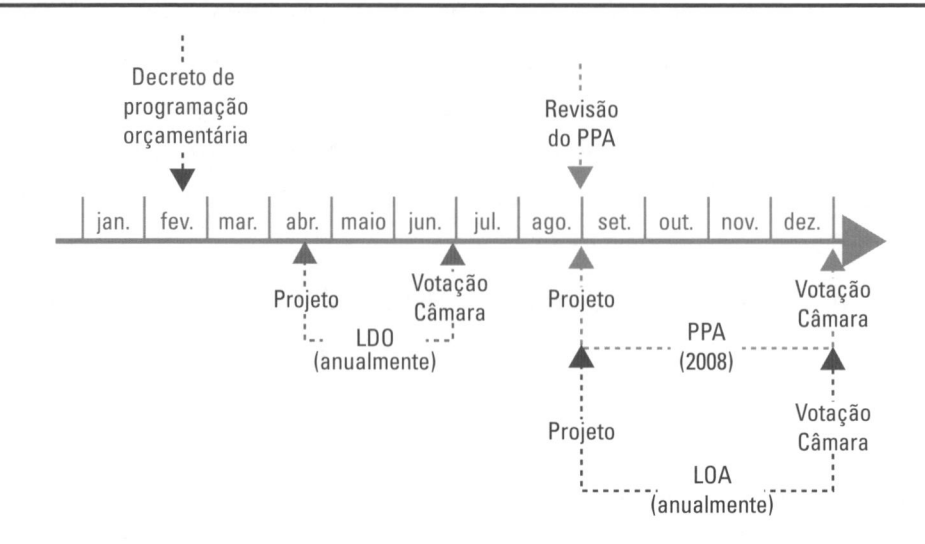

Figura 4.2 Distribuição anual do PPA, DA LDO E DA LOA

```
Decreto de
programação                                Revisão
orçamentária                               do PPA
     ▼                                        ▼
| jan. | fev. | mar. | abr. | maio | jun. | jul. | ago. | set. | out. | nov. | dez. | ▶
                          ▲         Votação         ▲                              Votação
                       Projeto      Câmara       Projeto                           Câmara
                         ·--- LDO ---·                        PPA
                          (anualmente)                       (2008)
                                                    ▲                              Votação
                                                 Projeto                           Câmara
                                                    ·------ LOA ------·
                                                         (anualmente)
```

Fonte: Elaborado pelos autores.

A LRF, em paralelo com as três ferramentas de planejamento, estabelece as normas sobre as finanças públicas e reforça as relações entre PPA, LDO e LOA, sendo que esta deve ser compatível com o PPA e com a LDO, e as despesas destes dois devem ser adequadas à LOA. A LRF (BRASIL, 2000):

> estabelece normas de finanças públicas voltadas para a responsabilidade na gestão fiscal, mediante ações em que se previnam riscos e corrijam desvios capazes de afetar o equilíbrio das contas públicas, destacando-se o planejamento, o controle, a transparência e a responsabilização como premissas básicas.

4.1.1 O PLANO PLURIANUAL

O PPA, em sua vigência, tem como objetivo, de acordo com o Instituto de Tecnologia em Informática e Informação do Estado de Alagoas (ITEC, 2007):

- definir metas e prioridades da administração e os resultados esperados;
- organizar as ações em programas que atendam aos anseios da sociedade;
- direcionar a alocação de recursos nos orçamentos anuais em compatibilidade com as metas pretendidas.

- facilitar o gerenciamento das ações do governo por meio da atribuição de responsabilidades;
- integrar ações da União, dos Estados e dos municípios;
- dar transparência à aplicação de recursos e aos resultados obtidos.

Sendo assim, o PPA possui dois elementos essenciais: a base estratégica – que tem como princípio diagnosticar, de modo geral, os problemas de acesso ao desenvolvimento por meio de informações sociais, econômicas e ambientais – e os programas. Esse diagnóstico passa ainda para um nível mais específico, nas áreas de saúde, educação, assistência social e infraestrutura. A capacidade fiscal, financeira e institucional também é diagnosticada. Por fim, todos esses dados são cruzados com as potencialidades e fragilidades do País, Estado ou município.

Depois de pensar estrategicamente, e entender que todo esse processo possui bases norteadoras e objetivas, é possível elaborar os programas. Essas etapas dizem respeito à gestão do PPA, que possui as seguintes fases:

- elaboração, realizada com base estratégica, e definição de programas e ações;
- implementação, que consiste na operacionalização dos programas com os recursos aprovados na LOA;
- monitoramento, que trata do acompanhamento da execução do PPA e do levantamento de indicadores;
- avaliação, que compara o previsto e o realizado;
- revisão, que resulta na adequação às mudanças internas e externas do PPA, oriundas do amadurecimento, das alterações e das exclusões ou inclusões de programas.

4.1.2 PROGRAMA DE GESTÃO PÚBLICA E O PLANO PLURIANUAL

O papel exercido pelo programa na nova abordagem, tanto do planejamento governamental como da gestão pública, requer a consideração de alguns aspectos essenciais para sua compreensão.

Esse programa é o resultado do pensamento estratégico e é estruturado em conjunto pelas entidades envolvidas, seja de natureza pública ou privada, que articulam ações, projetos, atividades, operações especiais e ações não orçamentárias, inclusive as que resultam em soluções de problemas e em demandas da sociedade e que devem ser medidas pelos indicadores, o que possibilita a avaliação objetiva da atuação do governo. Na Figura 4.3 está ilustrado o processo da elaboração dos programas até a formação do PPA, que é um conjunto de programas.

Figura 4.3 Processo de elaboração de programas e o PPA

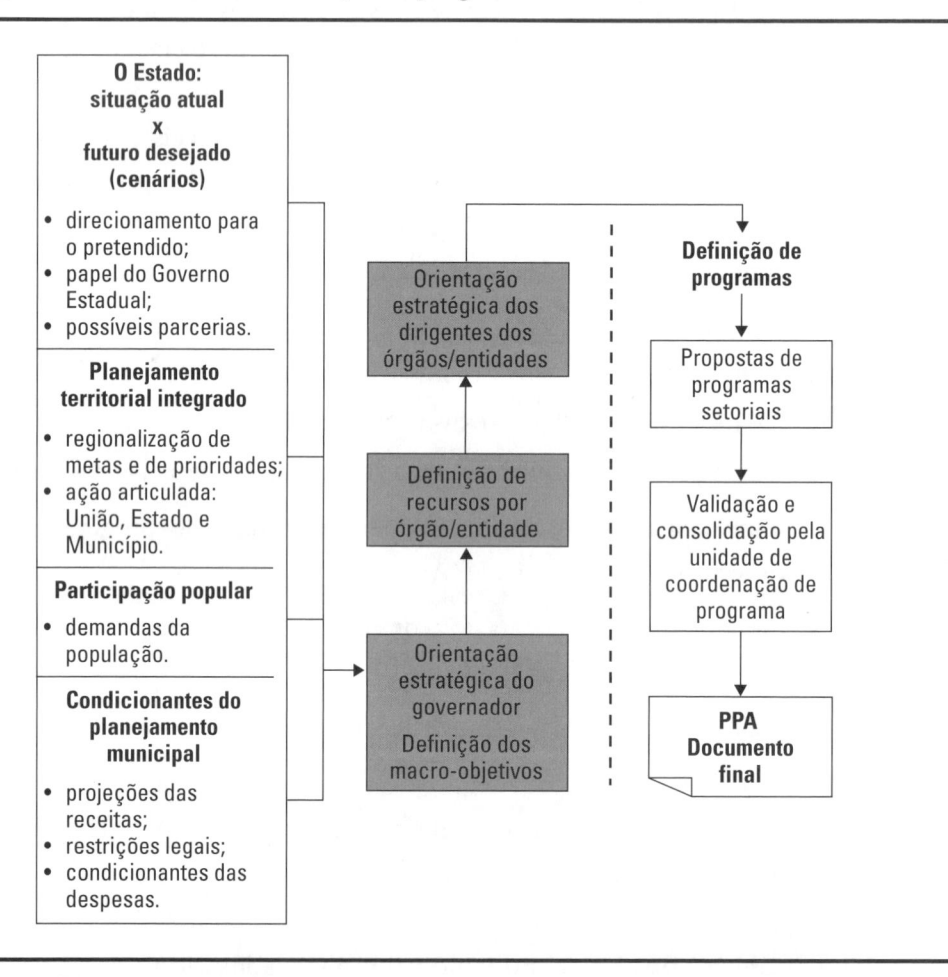

```
O Estado:
situação atual
x
futuro desejado
(cenários)
• direcionamento para o pretendido;
• papel do Governo Estadual;
• possíveis parcerias.

Planejamento territorial integrado
• regionalização de metas e de prioridades;
• ação articulada: União, Estado e Município.

Participação popular
• demandas da população.

Condicionantes do planejamento municipal
• projeções das receitas;
• restrições legais;
• condicionantes das despesas.
```

- Orientação estratégica dos dirigentes dos órgãos/entidades
- Definição de recursos por órgão/entidade
- Orientação estratégica do governador
- Definição dos macro-objetivos

- Definição de programas
- Propostas de programas setoriais
- Validação e consolidação pela unidade de coordenação de programa
- PPA Documento final

Fonte: Elaborado pelos autores.

Dessa forma, os programas são instituídos pelo PPA, visando à solução de um problema; ao atendimento a uma demanda da sociedade, a qual pode estar relacionada a pessoas, famílias, comunidades, populações, instituições e empresas; e ao aproveitamento de uma oportunidade de investimento.

Contudo, são inseridos recursos em um processo, o qual integra planejamento, orçamento e gestão e, assim, é denominado programa, e retirados bens e serviços. Trata-se de um instrumento em exercício de organização, de disciplina e de priorização das ações do governo. Em termos de gestão, o programa constitui o âmbito das atividades de execução, monitoramento, controle e avaliação de desempenho, que constituem o PPA.

Os programas, estabelecidos no âmbito do PPA, podem e devem ser elementos integradores do planejamento, do orçamento e da gestão e se expressam nos seguintes instrumentos legais: no PPA, na LDO e na LOA.

A consolidação do planejamento e da gestão por programas repousa no desenvolvimento de competência gerencial de condução dos programas nos órgãos setoriais. Esse gerenciamento é fundamental e tem por objetivo viabilizar os compromissos assumidos com a sociedade por meio de uma ação diretamente voltada para resultados. Um programa é parte de outro maior – o PPA.

4.1.3 IMPASSES E OBSTÁCULOS DO PROCESSO DE PLANEJAMENTO

Em seu papel clássico, o Estado é um contrato social com a finalidade de regular a ação dos agentes na economia e na sociedade, corrigindo as chamadas "falhas" produzidas pelo mercado, além de atender, sem distinção, a todos os segmentos sociais que o constituem.

Ainda que o Estado não deva funcionar com a racionalidade própria de uma empresa, ele tem a obrigação, no entanto, de observar padrões mínimos de razão no que tange ao uso dos recursos públicos, os quais pertencem a toda a sociedade.

Assim como uma empresa que faz financiamentos, realiza investimentos economicamente viáveis e obtém lucro e crescimento, ao Estado caberia estabelecer e arrecadar tributos e tomar financiamentos na sociedade para empregar os gastos e/ou aplicar recursos "racionais" em saúde, educação, segurança, infraestrutura, fomento econômico, entre outros, que produzam "externalidades positivas" para a população.

Os investimentos e os gastos nesses setores induzem ao natural crescimento do produto social do País, aumentam a arrecadação do Estado e permitem que ele siga ampliando sua capacidade de realizar novos e melhores investimentos e gastos.

A inobservância desses padrões mínimos de racionalidade na gestão do Estado nas últimas décadas, principalmente nos países em desenvolvimento, é uma das principais responsáveis pela atual crise econômica e financeira, na qual muitos deles se encontram.

Os gastos em obras irracionalmente dimensionadas ou construídas a preços acima dos de mercado, os investimentos em projetos com custo-benefício inadequado, entre outros, não resultam nas "externalidades positivas" que permitem ao Estado crescer de forma correspondente com os gastos realizados, e sua condição econômica e financeira deteriora-se cada vez mais. Isso resulta na visão de que o Estado é perdulário com o recurso público, e que a gestão não é eficiente devido ao desperdício deste.

Em muitos países em desenvolvimento, as razões que levaram à má gestão do Estado são diversas, podendo-se destacar o insuficiente avanço da democracia para impedir que o Estado cumprisse seu papel. No momento em que ele deixou de cumprir suas obrigações, isto é, no momento em que deixou de servir a todos os segmentos e passou a assistir somente àqueles que o capturavam para colocá-lo a serviço de seus interesses, transferindo, de forma ilegítima, renda econômica pública, houve graves danos ao tecido econômico e social. A sociedade menos organizada e politicamente sem forças possibilita a captura do Estado por parte de grupos de interesses contrários ao desejo da grande maioria, e isso causa o desvirtuamento de sua função principal: planejar, induzir e coordenar todo um processo de desenvolvimento coletivo e para os que mais necessitam de sua ajuda.

Os Estados, internamente às suas estruturas, também desenvolveram determinadas "culturas" à existência da "racionalidade" antes referida, as quais são prejudiciais ao seu desempenho, tais como desenhos institucionais inadequados, corporativismo exacerbado, incapacidade de acompanhamento, monitoramento e avaliação, mudança nas demandas da sociedade, adição de modernas e eficientes técnicas de gestão, perda de quadros capacitados etc. Tudo isso se soma à forte ingerência político partidária, na qual, normalmente, o militante não dispõe da devida qualificação para a gestão por resultado.

Em muitos países e nas diversas esferas de poder estão, atualmente, estruturas de governo organizadas por setores, como saúde, agricultura, indústria, educação etc. No entanto, os problemas existentes na sociedade quase sempre requerem soluções que não se restrinjam a apenas um setor, ou seja, os problemas não têm fronteiras dimensionais ou setoriais no que diz respeito às ameaças ao bem-estar da sociedade. Assim, melhorar os índices de saúde de uma determinada população exige também medidas relacionadas ao meio ambiente, à educação, à cultura, ao saneamento, à habitação, entre outros. Da mesma forma, o problema da segurança pública envolve a questão do emprego e da educação e, principalmente, a falta de coordenação entre programas e políticas públicas interinstitucionais.

O arcabouço institucional existente seciona a realidade e contribui também para moldar uma cultura que ainda prevalece em muitos países: a cultura das instituições públicas que programam suas ações a partir da lógica corporativa da instituição, isto é, buscam sempre crescer e sobreviver enquanto instituição pelo maior tempo possível no ambiente, e não a partir das prioridades maiores de governo ou a partir dos problemas e das demandas existentes "lá fora", ou seja, na sociedade. Nela, a base institucional tende, fundamentalmente, procurar, baseada na concepção desse processo, problemas que possam viabilizar sua estrutura organizacional e suas ações, como quando, em algumas situações, a própria instituição e as ações executadas já não são mais prioritárias e necessárias para a resolução dos principais problemas e das demandas sociais existentes.

A situação tende a ser agravada quando os gestores das políticas públicas setoriais (ministros e secretários estaduais e municipais) não conseguem separar adequadamente sua condição de representante de interesses regionais da de gestor público, como um representante do Legislativo tornar-se secretário de Estado e passar a dar uma atenção exagerada à sua base local e regional, "esquecendo-se" de sua função maior, que é a gestão de uma secretaria de Estado político, e se focando, inadequadamente, para uma região ou problema.

O resultado pode ser, por exemplo, o recebimento de muita atenção (recursos e outras medidas políticas) por um Estado numa determinada área da saúde e insuficiente em outras, e vice-versa. Alia-se também a uma enorme dificuldade em transformar o programa de campanha em governamental, e deste, em um plano integrado, coordenando as diversas demandas ante a exiguidade de recursos para obter sua efetividade no que se refere aos resultados.

A gestão das políticas públicas por programas introduz um conflito benéfico entre a estrutura departamental e atuação por objetivos. Em outras palavras, acentua-se a contradição entre as visões setoriais e o objetivo do programa, o qual, por definição, é visto sob a perspectiva externa da demanda da sociedade.

Cada secretaria ou órgão de governo ainda "avista" toda a problemática da gestão pública sob a perspectiva setorial e possui muita dificuldade em "enxergar o todo" para resolver um problema que aflige a sociedade. Como exemplo, têm-se as campanhas de vacinação sob responsabilidade da secretaria estadual e municipal de saúde, que não conseguem a adesão espontânea de outras áreas governamentais, como a secretaria de educação estadual e/ou municipal, em sua mobilização para atingir 100% de seu público-alvo – as crianças.

Até determinada intensidade, esse conflito tem efeitos benéficos, pois contribui para o equilíbrio entre eficácia e eficiência dos resultados da organização. O desafio, nessas circunstâncias, é o de imprimir velocidade ao processo de transformação da organização em seus vários aspectos: estrutura, valores, liderança, estratégia, desenvolvimento do pessoal e sistemas de informação e controle.

> A gestão por programa introduz um conflito entre a estrutura departamental e uma atuação por objetivos. Em outras palavras, acentua-se a contradição entre as visões setoriais e o objetivo do programa que, por definição, é visto sob a perspectiva externa da demanda da sociedade (GARCES; SILVEIRA, 2002, p. 70).

Nesse sentido, as políticas transversais são cada vez mais necessárias, porém implementá-las é um processo difícil. A razão principal desse fato é que não se altera o *modus operandi* por áreas, as quais são formatos que dificultam ações integradas.

Para solucionar essa dificuldade, uma das altas motivações está em construir, coletivamente, programas que busquem solucionar, de forma sustentável, a ação do Estado, inclusive em seus três níveis de poder, além de um efetivo enxugamento em sua estrutura – meio que consome tempo, recursos e esforço. Uma redução do número de organismos que desempenham funções complementares e semelhantes pode ajudar a se obter maior eficiência e eficácia.

4.2 CICLOS RECENTES DE PLANEJAMENTO GOVERNAMENTAL NO BRASIL

Mesmo com a introdução da Constituição Federal de 1988, na qual os conceitos de Estado democrático de direito afloraram com mais força, amparados pelos avanços na busca da cidadania e pelo fim da tutela da sociedade por parte do Estado, ainda não foi alterada a concepção de planejamento como instrumento de gestão para a coletividade. A aplicação de modernas técnicas de planejamento e de gestão pública foi limitada, seja por aspectos conjunturais (superinflação, crise do Estado, fragilidade democrática), seja pela própria incapacidade de adaptação em tão pouco tempo às inovações da Constituição.

Dessa forma, os planos que compreenderam os ciclos 1991-1995 e 1996--1999 apresentavam as seguintes características:

- predominância da lógica orçamentária, focada apenas no gasto público e não nos resultados das políticas públicas;
- não institucionalização do PPA e da LDO como instrumentos efetivos de planejamento e racionalização do gasto público – enquanto o primeiro não era objeto de revisão, e o acompanhamento e avaliação da execução eram feitos de modo insuficiente, o segundo se limitava a disciplinar a elaboração e a execução do orçamento, conferindo-lhe uma natureza restritiva;
- inexistência de um processo de planejamento permanente e integrado que gerava para o Poder Executivo dificuldades de coordenação, de acompanhamento e de avaliação das políticas públicas;
- falta de correspondência entre objetivos, diretrizes e programação, e suas metas, tornando o plano e o orçamento descoordenados entre si e distantes das demandas da sociedade, colaborando para a insuficiência de aplicação e de dispersão de recursos públicos;
- regionalização do plano apenas formal, que refletia a incapacidade do governo em planejar suas ações de acordo com as necessidades e especificidades locais;
- pouca transparência quanto à forma de alocação dos recursos públicos, o que dificultava o controle pela sociedade.

Em função desses problemas, os principais fundamentos que nortearam a elaboração do PPA em nível estadual para os períodos 2000-2003 e 2004-2007, segundo o modelo de planejamento, foram:

- organizar em programas todas as ações do governo que resultassem em bens ou serviços para atendimento das demandas da sociedade;

- assegurar que os programas estivessem alinhados com a orientação estratégica do governo e que fossem compatíveis com a previsão de disponibilidade de recursos;

- em relação aos orçamentos anuais, proporcionar alocação de recursos compatível com os objetivos e as diretrizes estabelecidos no plano e com o desempenho obtido na execução dos programas;

- melhorar o desempenho gerencial da administração pública, tendo como elemento básico a definição de responsabilidade por custos e por resultados;

- estimular as parcerias com a União, os municípios e a sociedade civil, para diversificar as fontes e alavancar os recursos necessários aos programas, buscando a ampliação de seus resultados;

- permitir aos gerentes a avaliação de desempenho dos programas, tendo por base os objetivos e as metas especificados no plano;

- criar condições para a melhoria contínua e mensurável da qualidade e da produtividade dos bens e dos serviços públicos;

- oferecer elementos para que as ações de controle interno e externo pudessem, em termos físicos e financeiros, relacionar a execução dos programas aos resultados da atuação do governo;

- explicitar a distribuição regional das metas e gastos do governo;

- dar maior transparência à aplicação dos recursos públicos e aos resultados obtidos.

Inovações agregadas ao atual modelo de planejamento, nos períodos 2003-2007 e 2008-2011, previsto no PPA federal – como exemplo específico, o PPA do Estado do Paraná –, enfatizam que:

- o plano deve ser orientado por uma visão estratégica, capaz de conferir foco às principais demandas, as quais deverão ser atendidas no horizonte de vigência do PPA. Devido à carência de recursos e ao extenso rol de problemas e de demandas da sociedade, justifica-se a necessidade de foco e de seletividade que garantam o alcance de resultados;
- a organização do plano por programas proporciona a transparência necessária para a melhoria na alocação de recursos e a oportunidade de melhor aferição dos impactos e dos resultados da execução destes na sociedade;
- a transformação da atuação integrada e coordenada de estruturas, recursos e pessoas motivadas a buscar resultados permitiu o estabelecimento da figura do gestor, responsável pelo alcance dos resultados pretendidos ao menor custo possível;
- a gestão estratégica permite, a partir da seleção de um conjunto de ações consideradas indutoras do desenvolvimento (programas estruturantes), o controle de fluxo de recursos diferenciado, a gestão de restrições e as informações gerenciais tempestivas para assegurar o alcance de resultados;
- o sistema de informações gerenciais e de planejamento do PPA promoverá, no governo da União, dos Estados e dos municípios, a construção de uma rede de informações de planejamento e de gestão, encurtando a distância imposta pelo excesso de formalismo burocrático, reduzindo os custos e acelerando o alcance de resultados;
- o procedimento anual utilizado para a obtenção e para análise de informações destinadas à tomada de decisão visa ao aperfeiçoamento contínuo da gestão por programas e do plano, à revisão anual da LDO e à elaboração dos orçamentos anuais da LOA;
- deve-se ressaltar que, a partir de 2006, as prefeituras de todo o País tiveram como uma das suas tarefas a elaboração do PPA 2006-2009 municipal, nos moldes do que já era feito pela União Federal e pelas respectivas unidades da Federação, o que concretiza e sedimenta o conceito de planejamento a médio prazo, em nível governamental;

- a partir de 2000, com a aprovação da Lei Complementar n. 101, que dispõe sobre a LRF, com a criação do Estatuto das Cidades, em 2001, e com a obrigatoriedade do PPA municipal, em 2005, cada vez mais o setor público busca consolidar não só um modelo de orçamento, mas de gestão e de planejamento por programas.

A seguir, os seguintes requisitos são necessários para a formulação de um programa do PPA no âmbito do Governo Federal, como no PPA 2008-2011 (BRASIL, 2007):

- ter como objetivo solucionar um problema da sociedade, mediante um conjunto articulado de ações que expresse uma relação consistente entre a causa e o efeito, entre o problema a resolver e o objetivo do programa e entre as metas das ações e a evolução esperada dos indicadores do programa;
- ter seu objetivo explicitado de modo que permita a mensuração dos resultados sobre um público-alvo definido;
- possuir escala adequada a um gerenciamento eficaz – não deve ser tão amplo para que não torne difícil seu gerenciamento e nem tão restrito ao ponto de que os custos de implantação, de manutenção e de gerenciamento o inviabilizem;
- cumprir as diretrizes emanadas das orientações estratégicas de governo e da orientação estratégica de cada ministério;
- possuir compatibilidade entre os dispêndios previstos e a disponibilidade de recursos no horizonte em questão, conforme definido no cenário macroeconômico;
- reunir um conjunto integrado e suficiente de ações que contribua para a consecução do objetivo, mediante a utilização de recursos orçamentários e não orçamentários.

O programa resulta da última etapa do processo de levantamento dos problemas da sociedade, inclusive identificados por meio das audiências públicas, previstas na elaboração tanto do orçamento anual como na formulação do PPA, e da consequente definição da estratégia de intervenção do Governo Federal, estadual e municipal, cada qual buscando equacionar problemas de sua esfera.

Dessa forma, a elaboração dos programas que estão inseridos em cada PPA tem como referência a orientação estratégica do governo da União e a dos ministérios, sendo que esta é composta de objetivos setoriais que consistem no desdobramento e na complementação da primeira, focalizada na área de competência de cada ministério, e que serve como balizadores de sua atuação e da formulação dos programas.

O mesmo critério se aplica na elaboração dos PPAs dos governos estaduais e municipais, nos quais a busca de sintonia com as entidades da Federação pode resultar em maior eficácia e efetividade, além do uso mais apropriado dos recursos. Também se tenta evitar duplicidade de esforços, de gastos de cunho financeiro e de imobilização de estruturas de governos que possam ser usadas com resultados mais profícuos.

CONSIDERAÇÕES FINAIS

Percebe-se que as funções e as obrigações do Estado e a descontinuidade de crescimento e de desenvolvimento do País resultaram em modificações recentes no planejamento. Consolidou-se a necessidade de um planejamento e de uma ordenação de ações e prioridades do Poder Executivo, em seus três níveis de atuação, porque os recursos eram escassos, as prioridades não podiam ser postergadas e os diferentes mecanismos legais existiam e exigiam o cumprimento das responsabilidades definidas para suas implementações.

Nos últimos quatro PPAs do Governo Federal e também das unidades da Federação, os programas se constituíram de acordo com os objetivos expressos na campanha dos candidatos eleitos, tomando a organicidade em cada plano. Foram fixados, por programa, escopos a serem alcançados, com vista à resolução de um problema ou demanda da sociedade, ou, ainda, o aproveitamento de oportunidade de investimento. Desse modo, cada governo pôde ter sua estrutura própria de programas adequada à implementação de seu plano de governo.

Na atual sistemática, a definição das ações (projetos, atividades e operações especiais) corresponde aos produtos ofertados à sociedade em cada um dos programas. Com a nova estrutura programática, o detalhamento dessas ações apresenta a localização do gasto público, servindo de importante instrumento para a identificação da sua distribuição geográfica.

É importante notar ainda que o Decreto n. 2.829, de 29 de outubro de 1998, não só obrigou que todas as ações do governo fossem estruturadas em programas, como determinou que a classificação funcional-programática fosse alterada para viabilizar a integração entre planejamento, orçamento e gestão, e, ao mesmo tempo, assegurar a obtenção das estatísticas nacionais (BRASIL, 1998).

As ações de cada programa, expressas no orçamento por meio de projetos e de atividades, fixaram objetivos a serem atingidos. Estes, no entanto, expressavam uma realidade que se pretendia alterar, sem evidenciar os produtos ofertados à sociedade. O detalhamento das ações era feito por intermédio de subprojetos e subatividades, que exprimiam o produto a ser atingido mediante a ação pública de forma burocrática, sem que o mesmo estivesse voltado à resolução de um problema ou demanda da sociedade, ou, ainda, ao aproveitamento de oportunidades de investimento.

REFERÊNCIAS

BRASIL. *Constituição da República Federativa do Brasil de 1988*. Disponível em: <http://www.planalto.gov.br/ccivil_03/Constituicao/Constitui%C3%A7ao.htm>. Acesso em: set. 2007.

_____. Ministério da Fazenda. Secretaria do Tesouro Nacional. *Lei de responsabilidade fiscal*. Lei Complementar n. 101, de 4 de maio de 2000. Disponível em: <http://www.stn.fazenda.gov.br/hp/lei_responsabilidade_fiscal.asp>. Acesso em: set. 2007.

_____. Ministério do Planejamento, Orçamento e Gestão. Secretaria de Planejamento e Investimentos Estratégicos. *Plano plurianual 2008-2011*: projeto de lei/Ministério do Planejamento, Orçamento e Gestão, Secretaria de Planejamento e Investimentos Estratégicos. Brasília: MP, 2007.

_____; _____. Secretaria do Orçamento Federal. Portal SOF. *Decreto n. 2.829, de 29 de outubro de 1998*. Estabelece normas para a elaboração e execução do Plano Plurianual e dos Orçamentos da União e dá outras providências. Disponível em:

<https://www.portalsof.planejamento.gov.br/bib/legislacao/decretos/ Decreto_2.829_de_291098.pdf>. Acesso em: set. 2007.

CENTRO LATINOAMERICANO DE ADMINISTRACIÓN PARA EL DESARROLLO (CLAD). *Uma nova gestão pública para a América Latina*. Caracas, 1998. Disponível em: <http://www.clad.org.ve/fulltext/ngppor.pdf>. Acesso em: set. 2007.

FILELLINI, A. *Economia do setor público*. São Paulo: Atlas, 1994.

GARCES; A.; SILVEIRA, J. P. Gestão pública orientada para resultados no Brasil. *Revista do Serviço Público*, ano 53, n. 4, out./dez. 2002.

GIACOMONI, J. *Orçamento público*. São Paulo: Atlas, 2000.

GIAMBIAGI, F.; ALÉM, A. C. *Finanças públicas*: teoria e prática no Brasil. Rio de Janeiro: Campus, 2000.

INSTITUTO DE TECNOLOGIA EM INFORMÁTICA E INFORMAÇÃO DO ESTADO DE ALAGOAS (Itec). *Plano Plurianual 2004/2007*. Disponível em: <http://www.itec.al.gov.br/institucional/tecnologia-da-informacao-e-comunicacao-no-estado-de-alagoas/plano-plurianual-2004-2007>. Acesso em: set. 2007.

PEREIRA, J. M. *Finanças públicas*: a política orçamentária no Brasil. São Paulo: Atlas, 2006.

SILVA, F. A. R. *Finanças públicas*. São Paulo: Atlas, 2000.

PARTE II

Avaliação comparativa de INDICADORES DE SUSTENTABILIDADE

CAPÍTULO 5

Indicadores de desenvolvimento sustentável que não geram índices

Daniele Farfus
Eduardo Augusto Dreweck Mota
Isis Chamma Doetzer
José Edmilson de Souza-Lima
Paulo Roberto Socher
Wagner Rodrigo Weber

Sumário

Resumo – Introdução – 5.1 Indicadores de desenvolvimento sustentável que não geram índices – 5.2 *Four Capitals Model* – 5.3 *European Common Indicators* – 5.4 Indicadores de desenvolvimento sustentável: Brasil 2004 IBGE – 5.5 Indicadores de qualidade de vida: Curitiba – Considerações finais – Referências.

Resumo

No cenário do desenvolvimento sustentável, não é raro defrontar-se com a ideia da falta de iniciativas oficiais que demonstrem a preocupação com esse tema. A proposta deste capítulo é apresentar algumas iniciativas contemporâneas que subsidiam e querem influenciar as ações públicas concorrentes para tal fim, a partir da apresentação de quatro grupos de indicadores, que têm em comum a característica de não serem agrupados em índices: o Four Capitals Model (4KM) e o European Common Indicators, que são os internacionais, e os Indicadores de Sustentabilidade do IBGE e os Indicadores de Qualidade de Vida de Curitiba, que são os nacionais. Eles cobrem iniciativas nos âmbitos regional, internacional, nacional e municipal, respectivamente. Mais do que a discussão sobre as vantagens ou desvantagens dos indicadores, o propósito é destacar que tais grupos propõem ser instrumentos de definição, de influências direta ou indireta e de monitoramento de ações públicas para contribuir com o desenvolvimento sustentável.

INTRODUÇÃO

No contexto da sociedade industrial moderna, as sociedades ocidentais construíram e orientaram suas diretrizes a partir de uma lógica capitalista, a qual não considerava o modo como os recursos naturais eram utilizados para a manutenção dos níveis de qualidade de vida, de consumo e de crescimento econômico. Esse pensamento enfrentou os primeiros estremecimentos a partir das décadas de 1960 e 1970, com a emergência de movimentos ambientalistas pelo mundo, motivados, principalmente, pela constatação de que o planeta estava recebendo impactos ambientais indesejados e preocupantes e de que, a curto e médio prazos, poderiam esgotar os recursos disponíveis, pondo em risco a sobrevivência da humanidade.

Essa ideia ganhou contornos mais abrangentes, catalisada, especialmente, pelo fenômeno da globalização, quando aumentaram-se as suspeitas em torno de algumas correlações entre os impactos ambientais gerados pela sociedade e as consequências globais derivadas desse processo.

Diante das evidências de uma crise ambiental mundial, em especial a partir do início da década de 1990, tem-se defendido uma ideia de desenvolvimento sustentável, objetivando, justamente, reduzir o antagonismo entre a atual condição global, com uma proeminente necessidade de crescimento para sustentar a população humana e o futuro do ambiente do planeta. Pela definição consagrada a partir do Relatório Brundtland[1], desenvolvimento sustentável pode ser entendido como os esforços despendidos para assistir às necessidades de todos os seres humanos do mundo, sem comprometer a capacidade que as futuras gerações terão para atender às suas próprias carências (BELL; MORSE, 2003, p. 2).

Mesmo que, em uma primeira análise, entenda-se que atingir esse nível de sensibilização nas sociedades contemporâneas pode ser uma utopia, a inserção dessa ideia nos cenários de discussões, entre governos e cidadãos, proporcionou uma visão construtivista, que veio carregada de apelo e de conteúdo para o

---

[1] Ao longo da década de 1980.

desenvolvimento das políticas públicas atuais dos Estados-nações. Com isso, concretizou-se a importância de olhar para o planeta por uma perspectiva a longo prazo, de interdependência entre as várias dimensões que promovem o desenvolvimento em conjunto com seus agentes.

Contudo, um dos desafios que ainda tende a impedir o entendimento dessa ideia pela população é a definição de métodos de mensuração, capazes de tornar visíveis níveis de sustentabilidade do desenvolvimento de uma determinada região, país ou até do planeta, de maneira que contemple todas as dimensões e matrizes do processo. Existem várias propostas para isso, mas, em geral, conhecem-se pouco sobre as características desses trabalhos, as respectivas metodologias de utilização e como podem contribuir para o entendimento do desenvolvimento sustentável.

Nessa perspectiva, este capítulo tem como objetivo apresentar algumas dessas propostas de mensuração, tendo como ênfase os indicadores que não geram índices numéricos ou de comparação, mas sim que propõem diretrizes de atuação para atingir um determinado nível de desenvolvimento sustentável. Esta análise limita-se a uma investigação empírica, com base em informações obtidas em relatórios e documentos, justamente por contemplar métodos que possuem características claras de variabilidade, e dos quais não se tem um controle rígido dos potenciais resultados. Na primeira seção, serão discutidos os conceitos de desenvolvimento sustentável e do processo de formação de indicadores. A segunda será reservada à apresentação dos indicadores de desenvolvimento sustentável que não geram índices, levando-se em consideração a metodologia, as formas de aplicação e coletas de dados. Na terceira seção, será feita uma comparação entre esses indicadores, observando-se as possíveis correlações entre seus métodos e potenciais resultados. Por fim, a quarta destinará às considerações finais do capítulo.

5.1 INDICADORES DE DESENVOLVIMENTO SUSTENTÁVEL QUE NÃO GERAM ÍNDICES

Uma breve conceituação é necessária para orientação e para esclarecimento de eventuais dúvidas, caracterizando a diferenciação básica entre indicadores e índices. Segundo Rauli, Araújo e Wiens (2006, p. 146):

Índices correspondem a números que indicam a característica pontual, estanque, de um determinado momento (por exemplo: o índice de poluição em determinada cidade, num determinado dia, o índice de criminalidade da cidade de São Paulo, no mês de março de 1998), ou seja, corresponde a tudo aquilo que indica ou denota alguma qualidade ou característica do assunto ambiental em questão.

Já indicadores têm a função de fornecer mais informações do que os índices, pois fornecem informações que podem agregar conjuntamente características qualitativas, quantitativas, estatísticas, gráficas, buscando apresentar a realidade de uma forma sistemática. Sendo assim, pode-se citar como exemplo que o histórico dos registros dos índices de poluição ambiental de Nova York contribuiu para a determinação dos indicadores da qualidade de vida da população local.

Os índices, em geral, são construídos a partir do agrupamento de vários indicadores, mas nem sempre são analisados em conjunto, e, por causa disso, não são formados.

Como discutido na Parte I, indicadores e índices de sustentabilidade subsidiam as ações públicas, sobretudo em questões associadas à locação de recursos públicos, classificação de áreas geográficas, aspectos legais, prospecção de cenário, disseminação de informação e possibilidades de investigação científica.

Para alinhar conceitos, é importante compreender a utilização da terminologia de forma apropriada, a qual é fundamentada no trabalho *Proposta para um Sistema de Indicadores de Desenvolvimento Sustentável*, publicado pela Agência Portuguesa do Ambiente (2000). Seguem conceitos que podem iluminar possíveis dúvidas:

> parâmetro: corresponde a uma grandeza que pode ser medida com precisão ou avaliada qualitativa/quantitativamente, e que se considera relevante para avaliação dos sistemas ambientais, econômicos, sociais e institucionais;
>
> indicador: parâmetros selecionados e considerados isoladamente ou combinados entre si, sendo de especial pertinência para refletir determinadas condições dos sistemas em análise (normalmente são utilizados com pré-tratamento, isto é, são efetuados tratamentos aos dados originais, tais como médias aritméticas simples, percentis, medianas, entre outros);

subíndice: constitui uma forma intermediária de agregação entre indicadores e índices, e podem utilizar métodos de agregação tais como os discriminados para os índices;

índice: corresponde a um nível superior de agregação, onde depois de aplicado um método de agregação aos indicadores e/ou aos subíndices é obtido um valor geral; os métodos de agregação podem ser aritméticos (e.g. linear, geométrico, mínimo, máximo, aditivo) ou heurísticos (e.g. regras de decisão); os algoritmos heurísticos são normalmente preferidos para aplicações de difícil quantificação, enquanto só restantes algoritmos são vocacionados para parâmetros facilmente quantificáveis e comparáveis com padrões.

Essa classificação permite ao leitor a distinção de terminologia e a clareza do que ela representa, oportunizando, na sua utilização, melhorar a comunicação entre os interlocutores. Como os caminhos estão sendo trilhados, e as pesquisas em busca de indicadores, realizadas, percebem-se as diferentes nuanças que se apresentam, sobretudo em relação à classificação destes. Para subsidiar a atuação de futuros pesquisadores, apresenta-se a seguir o Quadro 5.1, que traz as principais vantagens e limitações da aplicação de metodologias que envolvem este tema.

Quadro 5.1 Síntese de algumas vantagens e limitações da aplicação de indicadores e de índices de desenvolvimento sustentável

Vantagens	Limitações
Avaliação dos níveis de desenvolvimento sustentável.	Inexistência de informação-base.
Capacidade de sintetizar a informação de caráter técnico/científico.	Dificuldades na definição de expressões matemáticas que melhor traduzam os parâmetros selecionados.
Identificação das variáveis-chave do sistema.	Perda de informação nos processos de agregação dos dados.
Facilidade de transmitir a informação.	Diferentes critérios na definição dos limites de variação do índice em relação às imposições estabelecidas.
Bom instrumento de apoio à decisão e aos processos de gestão ambiental.	Ausência de critérios robustos para seleção de alguns indicadores.
Sublinhar a existência de tendências.	Dificuldades na aplicação em determinadas áreas como o ordenamento do território e a paisagem.
Possibilidade de comparação com padrões e/ou metas predefinidas.	

Quando se busca a informação que envolve indicadores de desenvolvimento sustentável, o pesquisador precisa seguir uma lógica para sua seleção, com critérios que envolvam aspectos de pesquisa científica, como objetividade, possibilidade de verificação, exequibilidade, possibilidade de justificativa da sua escolha, precisão e relevância para o estudo. Nem sempre os indicadores preenchem todos os critérios; por isso cabe ao pesquisador o bom-senso de saber defini-los.

Para este estudo, foram definidos indicadores de desenvolvimento sustentável que não geram índices, sendo:

- Four Capitals Model (4KM);
- European Common Indicators;
- Indicadores de Sustentabilidade do IBGE;
- Indicadores de Qualidade de Vida de Curitiba.

Nesta pesquisa, houve a preocupação dos autores em apresentar os indicadores definidos, categorizando: seu objetivo, público-alvo, o conceito de desenvolvimento sustentável compreendido, indicadores existentes e relação com as dimensões, forma de coleta e tratamento dos dados (inclusive a fonte) e a relação do indicador na formação de um índice (aplicabilidade).

Na sequência do capítulo, serão apresentados os quatro indicadores mencionados.

5.2 FOUR CAPITALS MODEL

O Four Capitals Model (4KM) é uma ferramenta de avaliação de sustentabilidade proposta pelo economista europeu Paul Ekins, em um estudo publicado em 1992, no qual observou que a economia clássica identificava, normalmente, apenas três tipos de capital como os fatores de desenvolvimento: um baseado na propriedade da terra; outro na disponibilidade de trabalho humano; e, por fim, o capital advindo da produção material, da movimentação econômica. Ekins alterou essa visão, propondo a construção de um modelo no qual coexistiriam, em um sistema complexo e interdependente, quatro capitais essenciais – o econômico, o humano, o social e o natural – para promover o bem-estar das sociedades humanas e a construção de um desenvolvimento sustentável.

No modelo 4KM, as dimensões desses capitais reúnem necessidades e aspirações, priorizando o bem-estar humano – como será explicitado na sequência. Por esse motivo, o modelo é apontado como valiosa ferramenta de avaliação da sustentabilidade (SRDTOOLS, 2006).

O capital econômico é, em geral, entendido como o complexo dos recursos produzidos (manufaturas) pelo ser humano para gerar e manter bens e serviços para a sociedade, como máquinas, ferramentas, veículos, edifícios, infraestrutura elétrica e de telecomunicações. Para atender às necessidades da população, é necessário que exista um determinado nível de prosperidade econômica.

Já o capital natural inclui os recursos tradicionais, como reservas florestais, água, energia e reservas de mineral, os que não são facilmente avaliados de forma monetária, como a biodiversidade, as espécies em extinção em uma região e os ecossistemas naturais que executam serviços ecológicos, e os componentes da natureza que podem estar associados, direta ou indiretamente, ao bem-estar humano, como as áreas verdes, os mananciais de água nas cidades, a fertilidade do solo e a qualidade do ar.

Por sua vez, o capital social está relacionado diretamente ao bem-estar humano, mas com uma percepção mais coletiva do que individual. Ele consiste nas redes sociais que suportam uma sociedade eficiente e coesa e que facilitam as interações sociais, civis e intelectuais entre seus membros, além de considerar o grau de confiança nas instituições, o respeito em relação às normas e as redes sociais pelas quais uma população pode resolver seus problemas comuns. Os exemplos desse capital incluem a organização da sociedade e as estruturas e sistemas políticos e legais (HANCOCK, 2001).

Por fim, o capital humano está, quase sempre, relacionado à saúde, ao bem-estar e ao potencial produtivo individual das pessoas. Seus componentes incluem a saúde mental e física da população, a instrução intelectual e artística, a motivação e a disponibilidade de trabalho, a criatividade, o engajamento em ações comunitárias e políticas (HANCOCK, 2001).

Para a metodologia de avaliação do 4KM, o desequilíbrio em qualquer um dos capitais pode gerar impactos negativos na sociedade. Então, o desenvolvimento será considerado sustentável somente se as reservas de todos os capitais – *per capita* – permanecerem constantes ou todos aumentarem proporcionalmente ao longo do tempo.

Considerando-se as dimensões mais clássicas do desenvolvimento sustentável – econômica, social e ambiental –, conforme Bell e Morse (2003), pode-se perceber que, por exemplo, o capital econômico está determinado e vinculado à dimensão econômica. No entanto, o que chama a atenção na proposta do 4KM é o fato de que os quatro capitais precisam ser avaliados em cada uma das dimensões do desenvolvimento sustentável. Assim, é importante avaliar como a dimensão ambiental, para uma determinada região, contempla o equilíbrio entre os quatro capitais. Da mesma forma, a interação destes, nessa região, precisa ser avaliada pelas dimensões econômicas e sociais, analisando-se todas as variáveis possíveis. O que se tem após esse processo é um panorama sobre como as reservas dos quatro capitais estão sendo utilizadas no decurso do tempo.

Nesse passo, se a disponibilidade total desses capitais está abaixo de determinados níveis (ponto crítico[2]), os componentes particulares são considerados como não sustentáveis, uma vez que impactam de forma problemática sobre o bem-estar de uma sociedade.

O objetivo do 4KM, então, é identificar como os investimentos (recursos e riquezas), realizados pelas sociedades, equilibram-se nesses capitais, e, consequentemente, se será preciso intensificar os recursos, em um determinado caminho, para gerar projetos e políticas públicas capazes de promover o desenvolvimento sustentável.

O modelo transparece que os dados coletados para a comparação entre os capitais variam de região para região, de acordo com a disponibilidade da informação, vocação econômica, situação ambiental e social.

Essa metodologia permite sua aplicação em diversas áreas e em projetos de qualquer porte. Contudo, é preciso reconhecer que não há solução rápida para promover o desenvolvimento sustentável e que uma metodologia de trabalho, como o 4KM, deve ser estudada em conjunto, com todos os agentes de uma

---

[2] O ponto crítico é definido pelas características do espaço investigado.

sociedade. Dessa forma, o indicador pode auxiliar na composição de projetos e estratégias que resolvam os eventuais desequilíbrios nas questões econômicas, sociais, humanas e ambientais. Comunidades, empresas, cidades ou nações que souberem alinhar e compor suas ações com as quatro formas de capital terão mais chances de se desenvolverem de maneira sustentável.

Entre as vantagens, destacam-se:

- a contraposição do modelo linear da criação de riqueza com um sistema mais complexo que reconhece a importância de proteger e de se avaliar corretamente o capital natural;
- o capital natural é um conceito mais amplo e mais realístico do que a riqueza da terra e da biosfera, incorporando os serviços e os recursos fornecidos para o presente e para o futuro;
- permite visualizar, de modo panorâmico, como os estoques ou as reservas dos quatro capitais estão sendo utilizados, ao longo do tempo, em determinada região de estudo;
- uma vez que se avalia apenas impactos nas quatro dimensões (capitais) propostas, pode-se afirmar que é um excelente instrumento de definição e de avaliação de políticas públicas e de investimentos nas mais diversas áreas;
- utilização de dados disponíveis, como estatísticas sobre investimentos do governo em infraestrutura urbana e industrial, de dados sobre comércio e exportações, disponibilidade de recursos, quantificação de matérias-primas utilizadas na indústria, númeração de espécies em extinção, caracterização da população, do emprego e da renda, entre outros, para que se possa realizar o diagnóstico inicial;
- a necessidade de um monitoramento constante e a proposta de avaliação utilizando as inter-relações possíveis entre os quatro tipos de capital, os quais promovem a sustentabilidade, fazem com que não exista uma periodicidade explícita na aplicação da ferramenta.

Como desvantagens, apontam-se:

- é aplicado, em geral, em gestões de cidades, Estados ou regiões, pois muitas melhorias dependem de investimentos públicos;

- o uso é limitado ante a dificuldade de articulação entre os capitais econômico e ambiental;

- é bastante restrito quanto às atividades a serem desenvolvidas, uma vez que devem aumentar simultaneamente, ou, pelo menos, manterem o nível das quatro formas de capital.

5.3 *EUROPEAN COMMON INDICATORS*

O European Common Indicators surgiu de uma iniciativa conjunta entre a Comissão Europeia, a Agência Europeia do Ambiente e o Grupo de Peritos sobre Ambiente Urbano, a partir de reflexões sobre questões que envolvem a sustentabilidade. O Indicador Comum Europeu teve seu fundamento na ECO-92, na Agenda 21 e na Conferência de Aalborg e seu público-alvo foi, e ainda é, municípios de países europeus interessados em monitorar a qualidade de seu ambiente urbano e de seu progresso. Ele também possibilita apoiar as autoridades locais nos seus esforços para alcançar a sustentabilidade e fornece informações objetivas e comparáveis na área de desenvolvimento sustentável.

As cidades participantes podem publicar e comparar seus dados com os de outras cidades por meio do site da Agência Europeia do Ambiente e, sobretudo, monitorar seu desempenho, visto que os indicadores são de primeira geração. Estes possibilitam a comparação de informações relativas à sustentabilidade, isto é, complementam todas as iniciativas já adotadas em relação à sua monitoração. Ademais, as autoridades locais são encorajadas a participar dessa iniciativa e de integrar os indicadores aos sistemas de gestão pública.

Um grupo de trabalho foi o responsável pelo desenvolvimento dessa iniciativa, e suas atribuições incluíam: analisar os indicadores urbanos e métodos de avaliação das questões ecológicas já existentes; avaliar a adequação para um sistema de escala europeia e a relevância no que se refere à sustentabilidade local; e apresentar propostas para um conjunto de indicadores de sustentabilidade local. Houve a participação efetiva de representantes de autoridades locais na aprovação dos indicadores.

O European Common Indicators é um conjunto de dez indicadores, sendo cinco principais (do um ao cinco) e cinco adicionais – voluntários – (do seis ao dez). Eles apresentam correlação com as dimensões de desenvolvimento sustentável, sendo: satisfação do cidadão com a comunidade local – dimensão social; contribuição local para as alterações climáticas globais – dimensão ambiental; mobilidade local e transporte de passageiros – dimensões espacial e social; disponibilidade de áreas verdes e de serviços públicos locais – dimensões cultural e social; qualidade do ar ambiental local – dimensão ambiental; deslocamento das crianças entre a casa e a escola – dimensões econômica e espacial; gestão sustentável da autoridade local e das empresas locais – dimensões espacial e social; poluição sonora – dimensão ambiental; utilização sustentável dos solos – dimensão ambiental; produtos que promovem a sustentabilidade – dimensões econômica, ambiental e cultural.

Cada um dos indicadores é composto de vários subíndices e está correlacionado e direcionado para o mesmo fim, isto é, com questões que envolvem a reflexão e a ação sobre o desenvolvimento sustentável. O interessante desses indicadores é o *headline*, existente tanto nos obrigatórios quanto nos voluntários, conforme apresentado no Quadro 5.2. Apesar das numerações, não existe a definição nem a geração, ao final, de um único número.

Quadro 5.2 Indicadores e respectivos *headlines*

Indicador	Headline
1. Satisfação do cidadão com a comunidade local	Satisfação comum com a comunidade local
2. Contribuição local para as alterações climáticas globais	Emissão *per capita* de CO^2
3. Mobilidade local e transporte de passageiros	Percentual de deslocamento utilizando transporte motorizado próprio
4. Disponibilidade de áreas verdes e serviços públicos	Percentual de cidadãos que moram entre 300 metros de áreas públicas abertas (maior) e 5.000 m^2
5. Qualidade do ar	Número de PM10
6. Deslocamento das crianças entre a casa e a escola	Percentual de crianças que vão para a escola de carro
7. Gestão sustentável da autoridade local e das empresas locais	Percentual de certificados de desenvolvimento ambiental no total de empreendimentos
8. Poluição sonora	Percentual de população exposta a L right 55 dB (a)
9. Utilização sustentável dos solos	Percentual de área protegida
10. Produtos que promovem sustentabilidade	Percentual de pessoas que compram produtos sustentáveis

Ainda em fase inicial, mas com a pretensão de ser um processo a longo prazo, os European Common Indicators possibilitam, em um processo de políticas públicas e de desenvolvimento local, influências na tomada de decisão que contribuem, de maneira efetiva, para a sustentabilidade do planeta. Eles ainda serão objetos de novos desenhos e metodologias que possibilitem sempre o avanço no sentido de monitorar o progresso em relação à sustentabilidade.

As vantagens que esses indicadores apresentam são:

- desenvolver a consciência de gestores públicos em relação às questões que envolvem desenvolvimento sustentável;
- ser uma referência para influenciar nas decisões que se relacionam às políticas públicas;
- envolver diferentes atores, quando da fase de criação e disseminação;
- os subíndices apresentados são minuciosos e possibilitam uma reflexão profunda dos indicadores;
- permitir um quadro comparativo em relação ao desenvolvimento sustentável local e aos demais municípios.

Já as desvantagens são:

- aplicação somente nos municípios europeus, sem abertura para outros continentes;
- necessidade de conquistar o gestor local para sua aplicação, pois não atinge a totalidade dos municípios europeus;
- dos dez indicadores apresentados, somente cinco são "obrigatórios", sendo que todos são relevantes para o desenvolvimento sustentável.

5.4 INDICADORES DE DESENVOLVIMENTO SUSTENTÁVEL: BRASIL 2004 IBGE

Indicadores de desenvolvimento sustentável são instrumentos essenciais para guiar a ação e subsidiar o acompanhamento e a avaliação do progresso alcançado rumo ao desenvolvimento sustentável. Eles totalizam 59 e são compilados, medidos e interpretados individualmente, sem a formação de índices.

Os indicadores aqui apresentados cumprem muitas funções, como reportar-se a fenômenos de curto, médio e longo prazos, viabilizar o acesso às informações já disponíveis sobre temas relevantes para o desenvolvimento, além de apontar a necessidade de geração de novas informações. Além disso, eles servem para: identificar variações, comportamentos, processos e tendências; estabelecer comparações entre países e entre regiões dentro do Brasil; indicar necessidades e prioridades para a formulação, monitoramento e avaliação de políticas; e, por sua capacidade de síntese, são capazes de facilitar o entendimento ao crescente público envolvido com o tema. Seu público-alvo é formado por pesquisadores e formuladores de políticas, integrantes dos setores públicos e privados e das organizações sociais, assim como o público em geral.

Esses indicadores conceituam o desenvolvimento sustentável como um processo de transformação, no qual a exploração dos recursos, a direção dos investimentos, a orientação do desenvolvimento tecnológico e a mudança institucional se harmonizam e reforçam o potencial presente e futuro, a fim de atender às necessidades e às aspirações próximas.

Eles ensejam ainda uma divisão de acordo com as quatro dimensões:

- ambiental: diz respeito ao uso dos recursos naturais e à degradação ambiental, e está relacionada aos objetivos de preservação e conservação do meio ambiente, considerados fundamentais ao benefício das gerações futuras. Essas questões aparecem organizadas nos seguintes temas: atmosfera, terra, água doce, oceanos, mares e áreas costeiras, biodiversidade e saneamento;

- social: corresponde, especialmente, aos objetivos ligados à satisfação das necessidades humanas, à melhoria da qualidade de vida e à justiça social. Os indicadores incluídos nessa dimensão abrangem os temas: população, trabalho e rendimento, saúde, educação, habitação, segurança, e retratação da situação social, da distribuição de renda e das condições de vida da população, apontando o sentido de sua evolução recente;

- econômica: trata do desempenho macroeconômico e financeiro e dos impactos no consumo de recursos materiais e no uso de energia primária. É uma dimensão que se ocupa com os objetivos de eficiência dos processos produtivos e com as alterações nas estruturas de consumo, orientadas a uma reprodução econômica sustentável a longo prazo;

- dimensão institucional: trata da orientação política e da capacidade e esforço despendidos para as mudanças requeridas em busca de uma efetiva implementação do desenvolvimento sustentável. Deve-se mencionar que essa dimensão aborda temas de difícil medição e que carece de mais estudos para seu aprimoramento.

Os indicadores são levantados sob a forma de estatísticas nacionais, estaduais e municipais, e seus dados são coletados anualmente. No entanto, sua publicação tem acontecido a cada dois anos (2002 e 2004), pelo Instituto Brasileiro de Geografia e Estatística (IBGE), seguindo o marco ordenador proposto pela Comissão de Desenvolvimento Sustentável (CDS) da Organização das Nações Unidas (ONU).

Como características gerais, eles apresentam o referenciamento a quatro diretrizes:

- equidade: aspectos distributivos;
- eficiência: uso racional dos recursos;
- adaptabilidade: diversificação e alternância nos processos de produção;
- atenção a gerações futuras: o legado dos recursos e dos bens econômicos, ecológicos e humanos.

Quadro 5.3 Relação dos Indicadores de Sustentabilidade do IBGE

Dimensão ambiental	Dimensão social	Dimensão econômica	Dimensão institucional
1 – Consumo industrial de substâncias destruidoras da camada de ozônio	23 – Taxa de crescimento da população	42 – Produto interno bruto *per capita*	54 – Ratificação de acordos globais
2 – Concentração de poluentes no ar em áreas urbanas	24 – População e terras indígenas	43 – Taxa de investimento	55 – Existência de conselhos municipais
3 – Uso de fertilizantes	25 – Índice de Gini da distribuição de rendimento	44 – Balança comercial	56 – Gastos com pesquisa e desenvolvimento
4 – Uso de agrotóxicos	26 – Taxa de desocupação	45 – Grau de endividamento	57 – Gasto público com proteção ao meio ambiente
5 – Terras em uso agrossilvipastoril	27 – Rendimento familiar *per capita*	46 – Consumo de energia *per capita*	58 – Acesso a serviços de telefonia
6 – Queimadas e incêndios florestais	28 – Rendimento médio mensal	47 – Intensidade energética	59 – Acesso à internet
7 – Desflorestamento na Amazônia Legal	29 – Esperança de vida ao nascer	48 – Participação de fontes renováveis na oferta de energia	
8 – Área remanescente e desflorestamento na Mata Atlântica e nas formações vegetais litorâneas	30 – Taxa de mortalidade infantil	49 – Consumo mineral *per capita*	
9 – Desertificação e arenização	31 – Prevalência de desnutrição total	50 – Vida útil das reservas minerais	
10 – Qualidade de águas interiores	32 – Imunização contra doenças infecciosas infantis	51 – Reciclagem	
11 – Balneabilidade	33 – Taxa de uso de métodos contraceptivos	52 – Coleta seletiva de lixo	
12 – Produção de pescado marítimo e continental	34 – Oferta de serviços básicos de saúde	53 – Rejeitos radioativos: geração e armazenamento	
13 – População residente em áreas costeiras	35 – Doenças relacionadas ao saneamento ambiental inadequado		

(*continua*)

(continuação)

Dimensão ambiental	Dimensão social	Dimensão econômica	Dimensão institucional
14 – Espécies extintas e ameaçadas de extinção	36 – Taxa de escolarização		
15 – Áreas protegidas	37 – Taxa de alfabetização		
16 – Tráfico, criação e comércio de animais silvestres	38 – Escolaridade		
17 – Espécies invasoras	39 – Adequação de moradia		
18 – Acesso ao serviço de coleta de lixo doméstico	40 – Coeficiente de mortalidade por homicídios		
19 – Destinação final do lixo	41 – Coeficiente de mortalidade por acidentes de transporte		
20 – Acesso ao sistema de abastecimento de água			
21 – Acesso ao esgotamento sanitário			
22 – Tratamento de esgoto			

Fonte: IBGE (2004).

Os Indicadores de Sustentabilidade do IBGE apresentam vantagens óbvias às políticas de desenvolvimento sustentável, uma vez que monitoram as principais condições e são baseados em dados coletados por medições oficiais, facilitando sua utilização. No entanto, como a maioria é regional, e nem sempre medido nos vários Estados e cidades brasileiras, há dificuldade em ampliar essas análises para todo o território nacional. Para que essa ampliação ocorra, e possa ser aplicada plenamente, é necessário um investimento oficial.

5.5 INDICADORES DE QUALIDADE DE VIDA: CURITIBA

Os Indicadores de Qualidade de Vida surgiram por meio da equipe de pesquisa do Instituto de Pesquisa e Planejamento Urbano de Curitiba (IPPUC), com o objetivo de entender o processo de urbanização que ocorreu de forma intensa nos últimos 40 anos e de identificar os problemas que foram gerados em decorrência desse processo.

O IPPUC, de acordo com Minayo (1994), entende como conceito de qualidade de vida o conjunto de elementos sociais, econômicos, físicos, políticos e culturais, com validade universal, que contribuem para o bem-estar da população. Os Indicadores de Qualidade de Vida começaram a ser mensurados de forma sistemática pelo IPPUC, a partir de 1995, no município de Curitiba, no Paraná. Esses indicadores são fundamentais para orientar as decisões e projetos dos gestores urbanos, pois revelam os principais fatores que interferem na qualidade de vida daqueles que residem na cidade.

Esses indicadores são mensurados por meio do método Genebrino ou Distancial e são, no conjunto, relacionados à habitação, à saúde, ao transporte e à educação, o que proporcionou a criação do Índice de Qualidade de Vida de Curitiba, que monitora as condições de vida da população, com ênfase em seis pontos:

1) comparação entre os indicadores encontrados na cidade e em cada bairro com as melhores e piores situações, seja dentro da própria cidade, seja em outras cidades, regiões ou países;

2) avaliação constante da qualidade de vida do município e das diferentes microáreas (bairros), de maneira a observar sua evolução;

3) caracterização dos diferenciais intraurbanos da cidade, estabelecendo-se índices de condições de vida para cada microárea, permitindo comparação entre eles;

4) disseminação das informações analíticas dos resultados globais ou locais nas áreas específicas para que sejam estimulados processos de transformações das diferentes realidades locais;

5) indicação das áreas que necessitam de maior intervenção do poder público, com o objetivo de reduzir desigualdades;

6) oferecer subsídios ao planejamento urbano e à criação de políticas específicas para o município, auxiliando na priorização das ações e na tomada de decisões gerenciais, informando, inclusive, sua localização geográfica.

Quadro 5.4   Síntese comparativa dos indicadores

Setores/Indicadores	Leitura dos dados	Valor mínimo	Valor empírico	Valor máximo	Índice parcial	Índice grupal 0% - 100%	Índice sintético
1. Habitação							
1.1 Domicílios em aglomerados subnormais	%	12,21	7,97	0,95	62,39		
1.2 Domicílios com rede de esgoto ou fossa séptica	%	57,13	92,91	87,49	100		
1.3 Domicílios com ligação de água na rede e com canalização interna	%	67,21	98,02	93,11	100		
1.4 Domicílios com coleta de lixo	%	90,26	99,54	98,17	100	90,6	
2. Saúde							
2.1 Mortalidade infantil	/1.000 N.V.	16,63	14,71	13,27	57,14		
2.2 Baixo peso ao nascer (< 2,5 kg)	%	9,78	8,7	8,83	100		
2.4 Esperança de vida ao nascer	Anos	69,6	73,18	71	100		
2.5 Incidência de tuberculose	/100.000 hab.	103,04	34,17	68,07	100		
2.6 Incidência de AIDS	/100.000 hab.	52,33	38,25	25,17	51,84		
2.7 Mortalidade < de 5 anos	/1.000 N.V.	19,06	17,14	15,73	57,66	77,77	
3. Educação							
3.1 Taxa de reprovação	%	14,47	7,5	6,24	84,67		
3.2 Taxa de abandono	%	18,47	4,5	6,81	100		
3.3 Taxa de analfabetismo	%	11,73	3,38	4,33	100		
3.4 Distorção idade/série	%	48,98	15,7	25,72	100	96,17	

4. Segurança					
4.1 Homicídios (Doloso)	/100.000	44,65	22,7	20,04	89,2
4.2 Acidentes de trânsito (Homicídio Culposo)	/100.000	20,62	28,3	8,06	0
4.3 Lesões corporais	/100.000	1.124,9	294,4	387,21	100
4.4 Mortes violentas	/100.000	69,52	51,8	33,47	49,14
4.5 Furtos	/100.000	2.533,26	1.724,11	849,89	44,79
4.6 Roubos	/100.000	1.096,99	668,17	304,27	54,09
4.7 Crimes contra costumes	/100.000	43,11	11,21	14,36	100
					62,46
Agente da variabilidade dos benefícios sociais índices					**Índices**
1.1 Renda Mediana (s.m.)					4,44
1.2 Renda Média (s.m.)					8,73
1.3 Área Típica de Variação				0	<Tip>
					20,79
1.4 Concentração (índice)					0,41
1.5 Concentração (Dist. do Fundo Geral da Renda)		55,03% dos chefes ficam com 14,19% da renda geral 5,51% dos chefes ficam com 33,09% da renda geral			
					81,75

Fonte: Setor de Monitoração da IPPUC (2003).

Após o estudo dos quatro indicadores para a sistematização deste capítulo, apresenta-se um quadro comparativo (Quadro 5.5):

Quadro 5.5 Comparativo dos quatro principais indicadores

Indicador	Four Capitals Model (4KM)	European Common Indicators	Indicadores de sustentabilidade do IBGE	Indicadores de qualidade de vida de Curitiba
Objetivo do indicador	Proporcionar acesso à compreensão da situação atual e, consequentemente, permitir julgamento sobre qual dos pilares do desenvolvimento sustentável necessita ser levado em conta no momento de se fazer uma programação, formulação, desenho, implementação e monitoramento das propostas para esse desenvolvimento, bem como onde, especificamente, deve haver a interação de todos os componentes ante a constatação de ocorrência planejada ou ocasional.	Monitorar, a partir de indicadores estabelecidos, a forma como os municípios estão se comportando em relação a questões que envolvem o desenvolvimento sustentável e ser um instrumento de comparação de desempenho para influenciar as políticas públicas dos municípios europeus que assumiram esta forma de monitoramento.	Identificar variações, comportamentos, processos e tendências; estabelecer comparações entre países e entre regiões dentro do Brasil; indicar necessidades e prioridades para a formulação, monitoramento e avaliação de políticas.	Monitorar e identificar as condições da qualidade de vida da população do município.
Público-alvo	Políticas públicas de desenvolvimento regional, organizações governamentais, público em geral.	Municípios de países europeus.	Pesquisadores e formuladores de políticas, integrantes do setor público e privado e das organizações sociais, assim como ao público em geral.	Gestores públicos e instituições de pesquisa.
Conceito de desenvolvimento sustentável compreendido	Provisão dos serviços e dos benefícios que aumentam o bem-estar humano sem causar um declínio no estoque de recursos (capitais) *per capita*.	Os indicadores comuns europeus tiveram seu fundamento na Eco-92 e na Agenda 21. Trabalham nos 10 indicadores definidos todas as dimensões que envolvem o conceito de desenvolvimento sustentável, sendo ambiental, social, econômico, cultural e espacial. Dos 10 indicadores, 5 são considerados principais e 5 são considerados adicionais.	Processo de transformação no qual a exploração dos recursos, a direção dos investimentos, a orientação do desenvolvimento tecnológico e a mudança institucional se harmonizam e reforçam o potencial presente e futuro, a fim de atender às necessidades e aspirações futuras... É aquele que responde às necessidades do presente sem comprometer a possibilidade de as gerações futuras atenderem às suas próprias necessidades.	Os indicadores de qualidade de vida são definidos por meio de variáveis estritamente qualitativas para a avaliação dos resultados dos benefícios sociais implementados pelas políticas públicas no atendimento das necessidades básicas de uma determinada sociedade, monitorando neste espaço urbano, onde as desigualdades se manifestam para sofrer intervenções.

(continua)

(continuação)

Indicadores existentes e relação com as dimensões	**Econômico:** recursos para produzir outros bens e serviços. **Ambiental:** recursos naturais tradicionais, biodiversidade, espécies em extinção, ecossistemas, áreas de florestas, mananciais, qualidade de solo. **Humano:** saúde, bem-estar, capacidade de produção, habilidades, grau de instrução de uma população, satisfação e força de trabalho.	1. Satisfação do cidadão com a comunidade local/**Social** 2. Contribuição local para as alterações climáticas globais/**Ambiental** 3. Mobilidade local e transporte de passageiros/**Espacial-Social** 4. Disponibilidade de áreas verdes e serviços públicos/**Cultural-Social.** 5. Qualidade do ar/**Ambiental** 6. Deslocamento das crianças entre a casa e a escola/**Econômico-Espacial** 7. Gestão sustentável da autoridade local e das empresas locais/**Espacial-Social** 8. Poluição sonora/**Ambiental** 9. Utilização sustentável dos solos/**Ambiental** 10. Produtos que promovem sustentabilidade/**Econômico-Ambiental-Cultural.**	**Ambiental:** temas: atmosfera; terra; água doce; oceanos; mares e áreas costeiras; biodiversidade e saneamento. **Social:** temas: população; trabalho e rendimento; saúde; educação; habitação e segurança, e procuram retratar a situação social, a distribuição da renda e as condições de vida da população, apontando o sentido de sua evolução recente. **Econômica:** trata do desempenho macroeconômico e financeiro e dos impactos no consumo de recursos materiais e uso de energia primária. Objetivos de eficiência dos processos produtivos e com as alterações nas estruturas de consumo orientadas a uma reprodução econômica. **Institucional:** diz respeito à orientação política, capacidade e esforço despendido para as mudanças requeridas para uma efetiva implementação do desenvolvimento sustentável.	1. Habitação: Domicílios aglomerados subnormais/ Domicílios com rede de esgoto ou fossa séptica/Domicílios com ligação de água na rede e com canalização interna no domicílio/ Domicílios com coleta de lixo **(Espacial-Social-Ambiental)** 2. Saúde: Mortalidade infantil/ Baixo peso ao nascer/Esperança de vida ao nascer/Incidência de tuberculose/Incidência de AIDS/ Mortalidade inferior a 5 anos **(Social)** 3. Educação: Taxa de reprovação/Taxa de abandono/ Taxa de analfabetismo/Distorção Idade/Série **(Cultural)** 4. Segurança: Homicídios (doloso)/ Acidentes de trânsito (homicídio culposo)/Lesões corporais/Mortes violentas/Furtos/Roubos/Crimes contra costumes **(Social)**.
Forma de coleta e tratamento dos dados (fonte, inclusive)	Aplicação de questionários (formulários) e análise estatística.	Pelo preenchimento de instrumentos próprios que possibilitam a comparação com outros municípios pela disponibilidade dos resultados em site específico.	Estatísticas nacionais, estaduais e municipais.	Coleta de dados com análise multicêntrica dos resultados, por meio do método Genebrino ou Distancial.

(continua)

(continuação)

Indicador	Four Capitals Model (4KM)	European Common Indicators	Indicadores de sustentabilidade do IBGE	Indicadores de qualidade de vida de Curitiba
Relação do indicador na formação de um índice	N/A	Cada um dos indicadores é composto de vários subíndices. Ao final não existe a definição de um único número.	N/A	Índice de Qualidade de Vida de Curitiba
Identificação se há uma relação explícita de causa e efeito entre os indicadores	É medido por meio de aumento em um determinado capital à custa de diminuição em outro capital. O declínio em um determinado capital deve ser compensado pelo aumento em outro capital.	Os indicadores estão correlacionados e todos direcionados para o mesmo fim, questões que envolvem a reflexão sobre o desenvolvimento sustentável e o desenho de políticas públicas que promovam a sustentabilidade.	Para cada indicador existem relações diferentes.	Os indicadores estão correlacionados para a formação do Índice de Qualidade de Vida.
Periodicidade	Depende da frequência e do tempo de aplicação da ferramenta.	Não identificado.	Dados coletados anualmente, a publicação do IBGE tem acontecido a cada dois anos (2002 e 2004).	Não identificado.

Fonte: IBGE (2004).

CONSIDERAÇÕES FINAIS

Por meio deste estudo, pode-se constatar que o 4KM, o European Common Indicators, os Indicadores de Sustentabilidade do IBGE e os Indicadores de Qualidade de Vida de Curitiba traduzem a preocupação com o tema sustentabilidade.

As metodologias desenvolvidas para mensuração dos diferentes indicadores apresentam estratégias próprias e independentes. Porém, os resultados observados convergem para a busca de ações, propiciando a orientação de práticas que considerem a questão da sustentabilidade como diretriz.

A tentativa para a formação de uma consciência coletiva que compreenda o conceito de desenvolvimento sustentável, por meio desses indicadores, contribui para construção de uma nova realidade social.

O entendimento da importância do tema leva sua inserção na definição de políticas públicas e garante que muitos espaços, situados nos mais variados contextos, busquem a promoção do desenvolvimento local integrado e sustentável. Observa-se que ainda existe um longo caminho a ser trilhado para que esses e outros indicadores possam ser reconhecidos por uma sociedade globalizada.

REFERÊNCIAS

AGÊNCIA PORTUGUESA DO AMBIENTE. Sistema de Indicadores de Desenvolvimento Sustentável (SIDS). *Proposta para um sistema de indicadores de desenvolvimento sustentável*. 2000. Disponível em: <http://www.iambiente.pt/sids/sids.pdf>. Acesso em: 7 fev. 2007.

BECKER, D. F. Sustentabilidade: um novo (velho) paradigma de desenvolvimento regional. In: _____ (Org.). *Desenvolvimento sustentável*: necessidade e/ou possibilidade? Santa Cruz do Sul: Edunisc, 2002. p. 31-98.

BELL, S.; MORSE, S. *Measuring sustainability*: learning from doing. London: Earthscan, 2003.

EUROPA. Environment. *European Common Indicators (ECI)*: towards a local sustainability profile. 2003. Disponível em: <http://www.clubofamsterdam.com/contentarticles/ECI_Final_Report.pdf>. Acesso em: 9 fev. 2007.

HANCOCK, T. People, partnerships and human progress: building community capital. *Health Promotion International, Oxford Journals*, v. 16, n. 3, p. 275-280, set. 2001. Disponível em: <http://heapro.oxfordjournals.org/cgi/content/full/16/3/275>. Acesso em: 20 nov. 2006.

INSTITUTO BRASILEIRO DE GEOGRAFIA E ESTATÍSTICA (IBGE) – *IDS – Indicadores de Desenvolvimento Sustentável* – Brasil. 2004. Disponível em: <http://www.ibge.gov.br/home/geocie.shtm>. Acesso em: 17 nov. 2006.

INSTITUTO DE PESQUISA E PLANEJAMENTO URBANO DE CURITIBA. *IQV – Indicadores de Qualidade de Vida em Curitiba*. 2003. Disponível em: <http://www.ippuc.org.br>. Acesso em: 13 fev. 2007.

MINAYO, M. C. S. A violência social sob a perspectiva da saúde pública. In: MINAYO, M. C. (Org.). *O impacto da violência social sobre a saúde*. Rio de Janeiro: Fundação Oswaldo Cruz, 1994.

RAULI, F. C.; ARAÚJO, F. T.; WIENS, S. Indicadores de desenvolvimento sustentável. In: SILVA, C. L. *Desenvolvimento sustentável*: um modelo analítico integrado e adaptativo. Petrópolis: Vozes, 2006. p. 145-151.

SLIWIANY, R. M. *Sociometria*: como avaliar a qualidade de vida e projetos sociais. Petrópolis: Vozes, 1997.

SILVA, C. L. Desenvolvimento sustentável: um conceito multidisciplinar. In: SILVA, C. L.; MENDES, J. T. G. *Reflexões sobre o desenvolvimento sustentável*: agentes e interações sob a ótica multidisciplinar. Petrópolis: Vozes, 2005. p. 11-40.

SRD TOOLS. *Welcome to the SRD TOOLS Project Website*. Disponível em: <http://www.srdtools.info/index.htm>. Acesso em: 20 nov. 2006.

SRD TOOLS. Documents for download. *The contribution of the structural funds to sustainable development* (December 2002). Disponível em: <http://www.srdtools.info/downloads.htm>. Acesso em: 20 nov. 2006.

CAPÍTULO 6

Índices para o desenvolvimento sustentável

Angelo Guimarães Simão
Christian Luiz da Silva
Heloísa de Puppi e Silva
Maria Auxiliadora Villar Castanheira
Paulo Sérgio Sant'Anna Jurec
Simone Wiens

Sumário

Resumo – Introdução – 6.1 Descrição de índices para o desenvolvimento sustentável – 6.1.1 Índice de Desenvolvimento Humano (IDH) – 6.1.2 Índice de Exclusão Social (IES) – 6.1.2.1 Metodologia de cálculo do IES – 6.1.3 Índice Planeta Feliz – The Happy Planet Index (HPI) – 6.1.4 Índice de Condição de Vida (ICV) – 6.1.5 Índice de Qualidade do Meio Ambiente (IQMA) – 6.2 Comparações dos índices selecionados – 6.3 Exemplos de aplicações dos índices selecionados – 6.3.1 O IDH e as políticas públicas – 6.3.2 O IES e as políticas públicas – 6.3.3 O HPI e as políticas públicas – 6.3.4 O IQMA e as políticas públicas – 6.4 Uso dos índices em políticas públicas – Considerações finais – Referências.

Resumo

Este estudo busca apresentar os conceitos e as aplicações de indicadores, bem como sua relevância para o monitoramento e mensuração dos resultados obtidos por meio do desenvolvimento de políticas públicas alinhadas com a proposta de desenvolvimento de características mais sustentáveis. Busca-se, ainda, caracterizar a aplicação dos indicadores na gestão pública como uma importante ferramenta para a promoção do diálogo entre os diferentes atores da sociedade, com intuito de ampliar o entendimento destes em relação aos fenômenos que ocorrem no meio em que habitam. Neste capítulo, é realizada uma rápida revisão sobre conceitos que envolvem índices e indicadores, sendo, na sequência, apresentados o Índice de Desenvolvimento Humano (IDH), o Índice de Exclusão Social (IES), o Índice Planeta Feliz – The Happy Planet Index (HPI), o Índice de Condição de Vida (ICV) e o Índice de Qualidade do Meio Ambiente (IQMA), além dos seus conceitos, das inter-relações e de exemplos de aplicação em políticas públicas. Como resultado final, buscou-se caracterizar a importância da construção de um sistema de indicadores baseado na seleção e na composição de um conjunto de indicadores orientado para o acompanhamento dos resultados obtidos no exercício de políticas públicas, bem como para a promoção do diálogo com a sociedade para as quais elas são desenvolvidas.

INTRODUÇÃO

Os esforços despendidos em busca do desenvolvimento sustentável pressupõem o acompanhamento e a mensuração para que políticas sejam estabelecidas e adequadas de acordo com os objetivos identificados e para que as reformulações e os novos objetivos sejam propostos. O uso de indicadores permite definir em que condição de desenvolvimento sustentável encontra-se um local, uma região, uma nação ou a totalidade do mundo, possibilitando, dessa forma, que as políticas sejam adequadas às realidades dessas espacialidades. Considera-se que os esforços podem ser públicos ou privados, mas ambos devem ser mensurados e podem convergir no uso de um mesmo indicador, pois este representa a realidade do espaço analisado, no qual as atividades de qualquer natureza podem surtir efeitos positivos ou negativos.

A condição de desenvolvimento sustentável pode ser verificada pela observação do espaço, das atividades econômicas, das questões sociais, da preocupação ambiental e dos aspectos culturais. Esses critérios se relacionam configurando a característica, ou o estado, em que se encontra um local no processo para a sustentabilidade. Sendo assim, seja qual for a política, ela impactará, direta ou indiretamente, na condição de desenvolvimento sustentável e, em consequência, gerará resultados positivos ou negativos que poderão ser observados, mesmo que de forma imprecisa, por meio dos indicadores que refletem a dinâmica dessas dimensões em níveis local, nacional ou global.

O Estado é responsável pelo bem-estar da população, e o governo gerencia o alcance desses objetivos por meio da elaboração de políticas públicas ou macroeconômicas. Para isso, ele planeja, pesquisa, identifica, formula e reformula políticas, programas e projetos. Entretanto, todos os agentes são responsáveis pela condição de desenvolvimento, e, partindo-se disso, justifica-se também a participação do setor privado na contribuição para a formulação de políticas que tenham a mesma finalidade.

A crescente utilização desse recurso de mensuração pelo setor público se deu pelo expressivo desenvolvimento de novos indicadores, nas décadas de 1980 e 1990, os quais possibilitaram o acompanhamento de resultados além da dimensão econômica, passando a considerar outras dimensões de grande relevância para a gestão pública, como a social e a ambiental. Já no setor privado, a observação de indicadores locais não econômicos ainda é recente, assim como a intensificação de ações de responsabilidade social.

Esses indicadores, voltados para a avaliação de duas ou mais dimensões do desenvolvimento sustentável, e utilizados em conjunto com outros indicadores, podem formar um índice capaz de apontar o nível de eficiência da aplicação das políticas públicas e fornecer uma base para a elaboração destas. Dessa forma, eles orientam a sociedade e os dirigentes sobre a necessidade de avaliar e acompanhar um real estado de desenvolvimento. Desse processo, resultam indicadores de maior abrangência que demonstram preocupação com as demais dimensões – social, ambiental, cultural e espacial – inerentes ao conceito de desenvolvimento sustentável. Assim sendo, resta compreender a relação entre a utilização de indicadores deste e os objetivos das políticas públicas.

O objetivo geral deste capítulo é apresentar: o Índice de Desenvolvimento Humano (IDH), o Índice de Exclusão Social (IES), o Índice Planeta Feliz – The Happy Planet Index (HPI), o Índice de Condição de Vida (ICV) e o Índice de Qualidade do Meio Ambiente (IQMA), identificando suas implicações como ferramentas para políticas públicas.

A ausência de estudos científicos e de documentos do setor público que tratam sobre a aplicação desses indicadores se revelou uma limitação para o completo desenvolvimento desta pesquisa, a qual, além de apresentar os indicadores, pretendia, originalmente, explicitar algumas experiências práticas de sua aplicação na esfera pública.

6.1 DESCRIÇÃO DE ÍNDICES PARA O DESENVOLVIMENTO SUSTENTÁVEL

O IDH, o IES, o HPI, o ICV e o IQMA possuem uma característica comum: a preocupação com o desenvolvimento sustentável. No entanto, cada um revela-se de modo diferente para compreender essa questão. Sendo assim, esta seção visa identificar a forma como cada um deles capta o processo de desenvolvimento e as várias formas de enxergar a realidade, baseando-se nas discussões conceituais e nos objetivos de suas formulações. Além disso, serão apresentados pontos de convergência e divergência entre eles quanto à busca para a sustentabilidade.

6.1.1 ÍNDICE DE DESENVOLVIMENTO HUMANO (IDH)

O IDH foi desenvolvido com o objetivo de se tornar um instrumento alternativo para a avaliação do nível de desenvolvimento social e econômico das populações mundiais, visando possibilitar análises dos níveis de sustentabilidade de cada nação (PNUD, 2007). Trata-se de uma tentativa de considerar o desenvolvimento humano como o principal fator para a redução da pobreza e das desigualdades percebidas nas dimensões sociais e econômicas e pregadas pelas teorias do desenvolvimento sustentável.

Criado para suplementar o Produto Interno Bruto (PIB) e para a construção de uma visão holística da sociedade, o IDH passou a ser mundialmente conhecido na década de 1990 (PNUD, 2006). A partir desse período, o índice começou a ser amplamente utilizado nas diversas edições do Relatório de Desenvolvimento Humano (RDH), produzidas pelo Programa das Nações Unidas para o Desenvolvimento (PNUD).

A origem do IDH reúne alguns aspectos curiosos, revelados na edição do RDH 1999. No prefácio dessa edição, o próprio coidealizador do índice – o economista indiano e Prêmio Nobel de Economia de 1998, Amartya Sem – relata o espírito de persistência do idealizador do índice e criador do RDH, o paquistanês Mahbub ul Haq (PNUD, 1999):

> Devo reconhecer que não via no início muito mérito no IDH em si, embora tivesse tido o privilégio de ajudar a idealizá-lo. A princípio, demonstrei bastante ceticismo ao criador do *Relatório do Desenvolvimento Humano*, Mahbub ul Haq, sobre a tentativa de focalizar, em um índice bruto deste tipo – apenas um número –, a realidade complexa do desenvolvimento e da privação humanos. [...], após a primeira hesitação, Mahbub convenceu-se de que a hegemonia do PIB (índice demasiadamente utilizado e valorizado que ele queria suplantar) não seria quebrada por nenhum conjunto de tabelas. As pessoas olhariam para elas com respeito, disse ele, mas quando chegasse a hora de utilizar uma medida sucinta de desenvolvimento, recorreriam ao pouco atraente PIB, pois apesar

de bruto era conveniente. [...] "Precisamos de uma medida", reivindicava Mahbub, "tão vulgar quanto o PIB – somente um número –, mas não tão cega como o PIB em relação aos aspectos sociais da vida humana". [...] Devo admitir que Mahbub entendeu isso muito bem. E estou muito contente por não termos conseguido desviá-lo de sua busca por uma medida crua. Mediante a utilização habilidosa do poder de atração do IDH, Mahbub conseguiu que os leitores se interessassem pela grande categoria de tabelas sistemáticas e pelas análises críticas detalhadas que fazem parte do *Relatório de Desenvolvimento Humano*.

Em busca da construção de um índice que fosse capaz de retratar os aspectos sociais da vida humana, Mahbub ul Haq e seu orientador, Amartya Sen, desenvolveram um índice de características simples, baseado em indicadores produzidos por agências internacionais de dados, o qual, gradativamente, tornou-se referência mundial para as questões relacionadas ao desenvolvimento humano.

No RDH de 2006, que apresenta dados do IDH relativos a 2004, o cálculo do índice englobou 175 países-membros, além da China, Hong Kong e territórios ocupados da Palestina (PNUD, 2006). Conforme o resultado obtido, cada país participante foi classificado de acordo com o nível de desenvolvimento humano apresentado: baixo (de 0 a 0,499), médio (de 0,500 a 0,799) e alto (de 0,800 a 1,000).

Mantendo a tradição de uma gradativa e modesta evolução, o Brasil atingiu um índice de 0,792, em 2004, ocupando a 69ª posição do ranking mundial do IDH. Nessa última edição do índice, o País quase alcançou a condição mínima para ser incluído no rol de países cujo desenvolvimento humano é considerado alto. Apesar das constantes evoluções apresentadas no seu índice, ele perdeu a 68ª posição original que ocupava em 2003 – fato que será discutido mais adiante.

De acordo com o RDH 2006, o IDH apresenta uma medida conjunta de três dimensões do desenvolvimento humano: viver uma vida longa e saudável, medida pela esperança de vida; ter estudos, calculado pela taxa de alfabetização de adultos e pelas matrículas nos níveis primário, secundário e superior; e ter um padrão de vida digno, medido pelo rendimento de paridade do poder de compra (PNUD, 2006). Para que o IDH de um país ou região geográfica possa ser calculado, faz-se necessária a obtenção de dados de alguns indicadores e das dimensões para se formarem os índices da dimensão, que darão origem ao índice final, conforme demonstrado no Quadro 6.1.

Quadro 6.1 Dimensões, indicadores e índices do IDH

Dimensão	Indicador	Índices da dimensão
Vida longa e laudável	Esperança de vida à nascença	Índice da esperança de vida
Nível de conhecimento	Taxa de alfabetização de adultos Taxa de Escolarização Bruta (TEB)	Índice de alfabetização de adultos + Índice TEB = Índice do grau de instrução
Nível de vida digno	PIB *per capita* (PPC em USD) *	Índice do PIB

Fonte: PNUD (2006) – adaptado pelos autores.

* De acordo com Kilsztajn (apud PEDROSO, 2003), a metodologia da Paridade do Poder de Compra (PPC), também denominada dólar internacional (USD), é constituída a partir de uma cesta única internacional de mercadorias e serviços, que é periodicamente arbitrada por pesquisas de preços e pela composição de gastos nos diferentes países analisados pelo programa de comparações. De acordo com o RDH 2006, o rendimento é ajustado porque, para atingir um nível elevado de desenvolvimento humano, não é necessário um rendimento ilimitado. Sendo assim, utiliza-se o logaritmo de rendimento (PNUD, 2006).

Segundo o RDH 2006 (PNUD, 2006), o desempenho de cada dimensão é expresso em termos de valor entre 0 (valor mínimo) e 1 (valor máximo), utilizando a seguinte fórmula geral:

$$\text{Índice da dimensão} = \frac{\text{Valor efetivo} - \text{Valor mínimo}}{\text{Valor máximo} - \text{Valor mínimo}}$$

Para a realização do cálculo do índice de cada dimensão, são aplicados os valores balizadores definidos no Quadro 6.2:

Quadro 6.2 Valores balizadores utilizados para o cálculo do IDH

Indicador	Valor máximo	Valor mínimo
Esperança de vida à nascença (anos)	85	25
Taxa de alfabetização de adultos (%)	100	0
Taxa de escolarização bruta combinada (%)	100	0
PIB *per capita* (PPC em USD)	40.000	100

Fonte: PNUD (1999).

Para o Brasil, o cálculo do IDH 2004 foi realizado com base nos dados apresentados no Quadro 6.3.

Quadro 6.3 Valores de referência (cálculo do IDH 2004 – Brasil)

Indicador	Valor de referência	Índice da dimensão
Esperança de vida à nascença (anos)	70,8	0,764
Taxa de alfabetização de adultos (%)	88,6	0,876
Taxa de escolarização bruta combinada (%)	86	
PIB *per capita* (PPC em USD)	8.195*	0,735

Fonte: PNUD (2006) – adaptado pelos autores.

* De acordo com Kilsztajn (apud PEDROSO, 2003), a metodologia da Paridade do Poder de Compra (PPC), também denominada dólar internacional (USD), é constituída a partir de uma cesta única internacional de mercadorias e serviços, que é periodicamente arbitrada por pesquisas de preços e pela composição de gastos nos diferentes países analisados pelo programa de comparações. De acordo com o RDH 2006, o rendimento é ajustado porque, para atingir um nível elevado de desenvolvimento humano, não é necessário um rendimento ilimitado. Sendo assim, utiliza-se o logaritmo de rendimento (PNUD, 2006).

Uma vez calculados os índices das dimensões, basta efetuar uma média simples entre eles para se obter o IDH brasileiro – 0,792, o qual corresponde ao nível de desenvolvimento humano médio.

Desde a sua criação, o IDH tem servido como índice-base para a elaboração das edições do RDH, o que o tornou uma importante ferramenta para a divulgação e para a sensibilização das sociedades mundiais em relação às mazelas sociais que afligem o planeta.

Um exemplo de aplicação e de adaptação do IDH para o reconhecimento das situações internas vividas em um país corresponde à experiência pioneira do Brasil no desenvolvimento do Índice de Desenvolvimento Humano Municipal (IDH-M). Por meio de uma parceria entre o PNUD, Instituto de Pesquisa Econômica Aplicada (Ipea) e a Fundação João Pinheiro, de Minas Gerais, o IDH foi adaptado para retratar, em termos de desenvolvimento humano, as diferentes realidades dos municípios brasileiros.

Em relação às questões de natureza externa, é possível identificar com maior clareza, por intermédio do IDH, os abismos que separam nações desenvolvidas, em desenvolvimento e subdesenvolvidas. O RDH 2006 aborda a realidade da crise social por meio de metáforas, considerando que, numa visão mais sintética, a grande aldeia global seria dividida entre ruas de ricos e de pobres. Dessa forma, seria possível afirmar que duas pessoas de classe média, uma na Noruega, país em primeiro lugar no ranking do IDH 2004 com um índice de 0,965, e outra no Níger, último lugar dessa listagem com um índice de 0,311, viveriam em distritos diferentes dessa mesma aldeia. Na Noruega, as pessoas vivem duas vezes mais e gozam de uma taxa de matrícula quase universal nos ensinos primário, secundário e superior, em comparação com uma taxa de matrícula de apenas 21% no Níger (PNUD, 2006).

Em função de sua simplicidade e facilidade de entendimento, os governos e as instituições públicas passaram a adotar o IDH como uma alternativa para medir o próprio desempenho. Segundo o RDH 2006, na questão relacionada ao processo de comparação de desempenho entre governos, a competição gerada pelo desenvolvimento humano é uma rivalidade saudável, mais do que a competição relacionada ao PIB (PNUD, 2006).

Assim como todos os índices, o IDH está sujeito a mudanças relacionadas à metodologia empregada para a coleta de dados que lhe dão origem. Dessa forma, o próprio PNUD desaconselha a realização de comparações entre índices calculados em períodos diferentes, em função das diversas mudanças metodológicas ocorridas desde a sua origem. Um exemplo retratado no RDH 2006, e que está relacionado à aplicação de novos procedimentos metodológicos, diz respeito ao Brasil, que passou da 68ª para a 69ª posição no ranking mundial em função das mudanças ocorridas nos relatórios estatísticos, e não em função de questões relacionadas à queda do seu desempenho educativo (PNUD, 2006).

Para Romão (apud PEDROSO, 2003, p. 21), o IDH não está imune a falhas:

> O IDH obviamente não está isento de falhas, seja por tratar de médias e, portanto, tende a obscurecer ou ocultar variações existentes no conjunto da população, seja pela própria deficiência na base de dados originais, que dificulta muitas vezes a obtenção de estimativas confiáveis e comparáveis. Mais complexos

ainda são os problemas conceituais e metodológicos de quantificar o desenvolvimento humano a partir de variáveis tais como liberdade política, direitos etc.

O próprio RDH 2006 reconhece essa preocupação, apontada, em 1993, por Romão, mencionando que o índice não é, de forma alguma, uma medida abrangente do desenvolvimento humano, uma vez que não inclui indicadores importantes, como o respeito pelos direitos humanos, a democracia e a desigualdade. Seu objetivo principal é o de fornecer um prisma mais amplo para encarar o progresso humano e a relação complexa entre rendimento e bem-estar (PNUD, 2006).

Para alguns autores, como Raworth (apud PEDROSO, 2003), as principais críticas ao IDH fundamentam-se em questões conceituais, na ausência de indicadores de distribuição de renda e no nível de agregação de dados.

Um dos pontos centrais das críticas reside no fato do IDH não ser capaz de captar as desigualdades de desenvolvimento humano dentro dos países, situação que começou a ser corrigida na edição do RDH 2006, com a aplicação, em treze países em desenvolvimento e dois desenvolvidos, da metodologia de desagregar os níveis de IDH por quintis de rendimento. Em outras palavras, por meio da aplicação dessa metodologia, separou-se o universo analisado em cinco partes de 20%, permitindo, assim, analisar, dentro de um país, a parcela dos 20% mais ricos e dos 20% mais pobres. Com base nessa aplicação, o RDH 2006 conseguiu apontar alguns dados interessantes sobre a desigualdade interna dos países analisados, corrigindo, desse modo, a ausência de um fator que apontasse as desigualdades ocorridas em termos de concentração de renda:

- Os 20% das pessoas mais ricas da Bolívia têm uma classificação que os colocaria no grupo de desenvolvimento humano elevado, ao lado da Polônia, enquanto os 20% mais pobres se classificariam em um nível comparável à média do Paquistão. Os dois grupos encontram-se separados por 97 lugares na classificação global do IDH. Para a Nicarágua, a lacuna no IDH entre os 20% mais ricos e mais pobres é de 87 lugares na liga global.

- Na África do Sul, a distância entre os 20% mais ricos dos 20% mais pobres é de 101 lugares.

- Na Indonésia, o desenvolvimento humano vai desde um nível comparável ao da República Tcheca, para os 20% mais ricos, até ao do Camboja, para os 20% mais pobres.

- Enquanto os 20% mais ricos nos Estados Unidos (seguidos da Finlândia) se situariam no topo da lista em termos de desenvolvimento humano, o quintil mais pobre só conseguiria a 50ª posição.

Para Paixão (2004), os indicadores são válidos para que ocorram diálogos, debates e discussões sobre as questões que eles apresentam. O autor considera que é uma forma válida por permitir ao público que os debates sejam mais objetivados.

Em termos gerais, o IDH possibilita caracterizar os motivos pelo baixo nível de desenvolvimento de muitos países: baixos investimentos em educação, má distribuição de renda e sistemas de saúde deficitários. Assim, independentemente das críticas sofridas, sua publicação e utilização tornam-se extremamente importantes para o processo crescente de conscientização mundial, em relação às injustiças e às desigualdades ocorridas no planeta.

Negar o desenvolvimento das camadas mais pobres da sociedade nacional e das sociedades internacionais é assinar um contrato futuro, quase presente, para a ampliação dos conflitos mundiais.

6.1.2 ÍNDICE DE EXCLUSÃO SOCIAL (IES)

A desigualdade tornou-se crescente a partir das doutrinas neoliberais das últimas décadas, o que atingiu tanto países ricos quanto pobres, criando, assim, uma enorme geração de "excluídos" e reduzindo, cada vez mais, a população de "incluídos" no processo de desenvolvimento social. Há também uma lógica por detrás desse processo, por meio da qual os autores afirmam que, à medida que a sociedade incorpora novas realidades, ela gera novas necessidades, como o acesso à educação, ao trabalho, à renda, à moradia, à informação etc., caminhando para mais do que uma simples sobrevivência.

Maia (2006) explicita que:

> Segundo dados do Human Development Report (HDR) – Organização das Nações Unidas (ONU), de 2004, o Brasil apresenta historicamente uma desigualdade extrema, com índice de Gini próximo a 0,6. Este valor indica uma desigualdade brutal e rara no resto do mundo, já que poucos países apresentam índice de Gini superior a 0,5. Dos 127 países presentes no relatório, o Brasil apresenta o 8º pior índice de desigualdade do mundo, superando todos os países da América do Sul e ficando apenas à frente de sete países africanos.

Entretanto, esse problema da desigualdade social tem sua origem no processo inicial de estruturação da sociedade brasileira. Desde o período colonial, o monopólio da terra por uma elite de latifundiários e a base escravista foram os fundamentos da rígida estratificação das classes sociais. A acumulação capitalista da renda e dos meios de produção foi, aos poucos, criando um enorme abismo social entre a elite dos grandes proprietários e o enorme número de trabalhadores.

Com o processo de industrialização, a população brasileira cresceu e se urbanizou, mas a sociedade tornou-se mais complexa, aumentando ainda mais o processo de concentração de renda e o distanciamento das classes sociais. Portanto, o Brasil cresceu em função de um forte acúmulo de riqueza. Mas esse desenvolvimento econômico não conseguiu gerar um crescimento social de forma igualitária. Pelo contrário, houve um acirramento das desigualdades e das injustiças.

Em função desses graves problemas estruturais, os governos mundiais buscam, por força das pressões exercidas pela sociedade civil organizada, indicadores sociais que os auxiliem na elaboração de políticas públicas mais efetivas, visando o desenvolvimento social. Segundo Pochmann e Amorim (2003, p. 76), "[...] trata-se de cinco séculos de desigualdades, autoritarismo e alianças regionais e nacionais que precisam ser superadas. Um esforço hercúleo para quem quer que pretenda mudar a face sofrida deste país".

A concentração de renda tem sido um dos fortes indicadores dessa desigualdade social. Para analisar essa questão de distribuição de renda, foram criados diversos índices estatísticos, sendo que um dos mais conhecidos é o P90/P10, o qual mede o que os 10% mais ricos da população recebem, comparando-os ao grupo dos 10% mais pobres. No Brasil, em 2001, o Índice P90/P10 estava na condição de 68, o que vale dizer que, para cada dólar ganho pelos 10% mais pobres, os 10% mais ricos recebiam 68 dólares.

Como comparativo, nos Estados Unidos, país que tem um dos mais altos índices de IDH do mundo, essa relação era, no ano de 2000, de 15,9, ou seja, a cada dólar recebido pelos 10% mais pobres, os mais ricos recebiam 15,9, segundo dados do RDH de 2005. Ainda com toda a diferença, eles apresentaram a maior concentração de renda entre os países desenvolvidos, estando muito longe do Japão, que, de acordo com o mesmo relatório, tem a menor concentração de renda – para cada dólar ganho pelos 10% mais pobres, os 10% mais ricos recebiam 4,5 dólares. Embora o dado apresentado no RDH 2005 do Japão seja de 1993, este se apresenta como um bom comparativo em termos de concentração de renda (PNUD, 2005).

O IES surgiu em 2003, a partir do IDH, para mapear a questão de exclusão social no país, por meio do *Atlas da Exclusão Social no Brasil*, uma apresentação geográfica nacional desse problema. O IES tem como objetivo tornar-se uma ferramenta de análise e de discussão para dar subsídios a políticas públicas. A pergunta básica que motivou o estudo foi: "Qual o grau de desigualdade social entre as diferentes regiões brasileiras?" (POCHMANN; AMORIM, 2003, p. 16).

A ideia de construir o *Atlas* surgiu de uma experiência com bom êxito, em 2001, quando a Secretaria do Desenvolvimento, Trabalho e Solidariedade da Prefeitura de São Paulo realizou um estudo para detectar as regiões mais carentes da cidade, as quais seriam beneficiadas, prioritariamente, pelo programa de desenvolvimento social. Foram utilizados, nessa ocasião, cinco indicadores: pobreza, desemprego, violência, concentração de jovens e taxa de alfabetização. Como resultado, verificou-se a possibilidade de focar e de realizar ações mais eficazes nessas regiões.

Outros estudos também inspiraram a construção do *Atlas*: pesquisa realizada pelo Instituto Brasileiro de Geografia e Estatística (IBGE)/Ipea/Fundação João Pinheiro com a construção do IDH-M e o Mapa da Exclusão/Inclusão

Social da Cidade de São Paulo, em 2000.[1] Este último adotou uma metodologia para se buscar uma fotografia intraurbana da cidade, possibilitando direcionar políticas de acordo com as especificidades e produzir diagnósticos padronizáveis e reprodutíveis. Sobre esse mapa, Dulce Koga, pesquisadora do Centro de Estudos das Desigualdades Socioterritoriais (Cedest), da Pontifícia Universidade Católica de São Paulo (PUC-SP), afirma:

> A metodologia permite, assim, relacionar a pesquisa intraurbana com políticas públicas. O Mapa da Exclusão/Inclusão Social se transforma numa ferramenta que possibilita direcionar políticas de acordo com as especificidades territoriais. Não seria eficiente adotar uma única direção na educação e na saúde, por exemplo, porque cada cidade possui em seu interior, condições de vida muito diferenciadas. Se não existir este retrato, essa fotografia intraurbana, o que acontece é a realização de planos muito genéricos, como se cada município fosse um tapete homogêneo (RODRIGUES, 2004).

Os volumes um e dois do *Atlas de Exclusão Social no Brasil* foram publicados em 2003 e utilizados os censos do IBGE dos anos 1960, 1980 e 2000 para identificar, nos Estados e nas grandes cidades brasileiras, a concentração de pobres e excluídos.

No segundo volume do *Atlas*, de 2003, o desemprego foi apontado como um elemento relevante em uma nova dinâmica da exclusão social, a partir da década de 1990. Nesse momento, surgiram os conceitos de "velha" e de "nova" exclusão social. O primeiro refere-se aos baixos níveis de renda e de escolaridade: migrantes, analfabetos, mulheres, famílias numerosas e a população negra. O segundo está ligado à inserção precária no mercado de trabalho e ao desemprego, que geram subprodutos, como a violência urbana e a vulnerabilidade juvenil, e se refere aos jovens com elevada escolaridade, pessoas com mais de 40 anos, homens não negros e famílias monoparentais (RODRIGUES, 2004).

---

[1] O *Mapa da Exclusão/Inclusão Social da Cidade de São Paulo* foi realizado sob a coordenação de Aldaíza Sposati, pela Pontifícia Universidade Católica de São Paulo (PUC-SP), em parceria com o Instituto Nacional de Pesquisas Espaciais (Inpe) e a Organização Não Governamental Instituto Pólis, com o apoio do programa de pesquisa em políticas públicas da Fundação de Amparo à Pesquisa do Estado de São Paulo (Fapesp).

O terceiro volume do *Atlas* foi publicado em 2005, com tema central "Os ricos no Brasil", e teve como fontes de informação o Censo Demográfico, de 1980 a 2000, e a Pesquisa de Orçamento Familiar, de 1996, ambas disponibilizadas pelo IBGE (POCHMANN et al., 2005). O quarto volume faz uma análise da exclusão no mundo, e o quinto, e último volume, com o tema "Agenda não liberal da inclusão social no Brasil", apresenta, de forma direta, os investimentos necessários para que o País alcance um nível intermediário e/ou avançado de inclusão.

A exclusão social no IES é percebida enquanto "... processo de natureza transdisciplinar, capaz de envolver diferentes componentes analíticos" (POCHMANN; AMORIM, 2003, p. 9). Os idealizadores desse índice consideram que, além dos indicadores quantitativos como acesso às condições de vida digna – educação, trabalho, moradia, renda, transporte e informação –, faz-se necessária também a indicação qualitativa para que haja maior compreensão do problema da exclusão e melhores condições para sua superação.

O IES foi construído por professores de universidades paulistas – Universidade São Paulo (USP), PUC-SP e Universidade Estadual de Campinas (Unicamp) –, sob a supervisão dos professores Márcio Pochmann e Ricardo Amorim, a partir de sete indicadores e com base em três componentes: pobreza – a porcentagem de chefes de famílias pobres nos municípios; violência – o índice de homicídio por 100 mil habitantes; escolaridade – número médio de anos de estudos do chefe de família; alfabetização – taxa de alfabetização de pessoas acima de cinco anos de idade; desigualdade social; emprego formal – taxa de emprego formal em idade ativa; e concentração de jovens. Portanto, esse índice correlaciona o padrão de vida digno, utilizando indicadores de pobreza, emprego formal e desigualdade; conhecimento, por meio de anos de estudo e de alfabetização; e risco juvenil, concentração de jovens e índice de violência. A partir dessas variáveis, produziu-se um estudo de forma georreferenciada, disponibilizando as informações na forma de mapas elaborados por imagens de satélite.

Assim como o IDH, o IES parte de dados oficiais. Enquanto o primeiro analisa a renda, a educação e a expectativa de vida, o segundo verifica a renda, a alfabetização, a escolarização de nível superior, a violência e a vulnerabilidade infantil. Esse índice revelou, em 2004, que o Brasil ocupava o 109º lugar em exclusão social no ranking dos 175 países pesquisados. Já o IDH do mesmo período foi mais otimista, classificando o País na 65ª posição no ranking mundial, e 28º lugar na América. Segundo um dos autores do *Atlas da Exclusão Social no Brasil*, Márcio Pochmann, em entrevista à *Folha Online*, analisando o resultado pelo IDH "[...] o Brasil estaria entre o 1/3 dos países melhores colocados, mas pelo IES, ficaria dentro do 1/3 dos países com pior resultado" (FUTEMA, 2004). Essa diferença se explica pelos indicadores que compõem cada um desses índices: o IDH detecta alguns fatores de exclusão social, e o IES, outros, como a desigualdade social, a violência e o desemprego. Pochmann mostra ainda que esses indicadores, isoladamente, apresentam também um resultado ruim. No quesito desigualdade social, o Brasil, no mesmo período, ocupava a 167ª posição; em homicídios, 161º lugar; e no desemprego, 99ª posição (FUTEMA, 2004). Isso evidencia que um índice analisado de forma isolada não consegue demonstrar toda a complexidade de uma realidade.

Os dados do IES, em 2003, revelaram que 42% dos municípios brasileiros, onde viviam 21% do total da população do País, apresentavam altos índices de exclusão social, e que apenas 3,6% dos municípios, ou seja, 200 municípios, apresentavam um padrão de vida adequado (POCHMANN; AMORIM, 2003, p. 11). Diferentemente do que imaginavam, os autores verificaram que não há uma relação entre violência e miséria, isto é, regiões de extrema pobreza apontaram baixos índices de violência, enquanto, nas cidades mais ricas, esse é o problema mais evidente. Para Amorim, um dos idealizadores do IES, o que determina a violência das grandes cidades é o abismo entre os ricos e os pobres (UNIVERSIA, 2007).

Nas questões regionais, o Nordeste apresentou uma vulnerabilidade social histórica, vinculada ao restrito acesso, em especial, à educação, à alimentação e ao mercado de trabalho. Com 28% da população nacional, e menos de 33% do total dos municípios, essa região concentrava 72,1% (1.652) do total (2.290) dos municípios com maior índice de exclusão de todo o País, isto é, com IES até 0,4 (POCHMANN; AMORIM, 2003, p. 74). Já no Sudeste e no Sul, muitos de seus municípios analisados pelo IES não poderiam ser considerados excluídos. No entanto, há grandes desigualdades sociais, principalmente nas cidades mais populosas, que fazem com que indivíduos, apesar de terem escolaridade e famílias pouco numerosas, encontrem-se em situação de desemprego e insuficiência de renda. O desemprego, nesse caso, é identificado como um elemento que desencadeia outros processos de exclusão e que gera uma complexidade ainda maior para formulação de políticas públicas.

O IES, portanto, é amplamente aplicado pelos municípios em busca de indicadores para implementação de políticas públicas mais efetivas, conseguindo demonstrar ao gestor público as áreas a serem priorizadas no enfrentamento da exclusão social.

6.1.2.1 Metodologia de Cálculo do IES

O IES, em sua estrutura, incorpora indicadores de dimensões social, espacial e ambiental. O método consiste na produção de índices simples e compostos que resultam de porcentagens geradas a partir da combinação das variáveis brutas provenientes de diversas fontes, por exemplo, do Censo do IBGE.

Esse índice apresenta pontos comuns com experiências anteriores. Utiliza a metodologia parcial do IDH e, ao mesmo tempo, busca ser mais abrangente que o *Mapa da Exclusão/Inclusão Social*, e se utiliza também do geoprocessamento das informações, ou seja, das informações em forma de mapas. Por meio destes, é mais fácil apresentar a situação de disparidade entre as diferentes regiões do País. Entretanto, é importante considerar algumas limitações do *Atlas*, por exemplo, "[...] municípios muito pequenos ficam invisíveis as desigualdades e os problemas dentro dele" (POCHMANN; AMORIM, 2003, p. 19).

O *Atlas* foi idealizado a partir de três grandes temas que configuram os componentes ou o risco da exclusão/inclusão social:

1) Padrão de vida digno – verificar as possibilidades de consumo das famílias, ou seja, as possibilidades de bem-estar material da população dos municípios. Três indicadores são utilizados: a porcentagem de chefes de família pobres no município; a quantidade de trabalhadores com emprego formal sobre a população em idade ativa; e uma *proxi* do índice da desigualdade de renda, calculada pela razão entre a quantidade

de chefes de família que ganham acima de dez salários mínimos sobre o número de chefes de família que ganham abaixo disso.

2) Conhecimento – verificar o aspecto técnico-cultural da sociedade. Os indicadores utilizados são: anos de estudo do chefe de família e alfabetização da população acima de cinco anos de idade.

3) Risco juvenil – vulnerabilidade, ou seja, o risco da população mais jovem de se envolver em ações criminosas. Foram utilizados indicadores a partir do índice de vulnerabilidade juvenil (IVJ): participação de jovens de 0 a 19 anos na população e taxa de homicídios por 100 mil habitantes.

Esses indicadores foram transformados em índices, seguindo a fórmula tradicional do IDH, e, em seguida, ponderados, de acordo com o Quadro 6.4.

Quadro 6.4 Temas analisados pelo índice de exclusão social (os índices construídos e suas ponderações)

Aspectos	Índices criados	Peso (%)
Um padrão de vida digno	Medido pela pobreza dos chefes de famílias no município; Medido pela taxa de emprego formal sobre a PIA; Medido por uma *proxi* da desigualdade de renda.	17 17 17
Conhecimento	Medido pela taxa de alfabetização de pessoas acima de cinco anos; Medido pelo número médio de anos de estudo do chefe de domicílio.	5,7 11,3
Risco juvenil	Medido pela porcentagem de jovens na população; Medido pelo número de homicídios por 100 mil habitantes.	17 15

Fonte: Pochmann e Amorim (2003, p. 18).

A partir desse processo, o IES foi calculado para cada um dos 5.507 municípios do Brasil, em 2000. O índice varia de 0 a 1, sendo que as melhores situações sociais estão próximas deste número. A seguir, no Quadro 6.5, serão apresentados valores de IES de alguns municípios da região Sul, por meio dos quais são observados os aspectos que podem caracterizar a exclusão social do município. Por exemplo, as capitais do Sul do País, apesar de apresentarem um alto índice de IES (Florianópolis, 0,815; Curitiba, 0,730; e Porto Alegre, 0,761), evidenciaram problemas quanto ao índice de emprego formal.

Quadro 6.5 Índice de Exclusão Social de alguns municípios brasileiros da região Sul

Município (2000)	Posição no ranking a partir da melhor situação social	Índice de pobreza	Índice de juventude	Índice de alfabetização	Índice de escolaridade	Índice de emprego formal	Índice de violência	Índice de desigualdade	Índice de exclusão social
Região Sul									
Agudo/RS	967º	0,624	0,797	0,884	0,509	0,107	0,952	0,121	0,531
Cacequi/RS	1.707º	0,499	0,725	0,856	0,507	0,091	1,000	0,075	0,492
Cachoeira do Sul/RS	704º	0,598	0,804	0,867	0,579	0,142	0,970	0,148	0,548
Porto Alegre/RS	6º	0,829	0,839	0,927	0,911	0,478	0,904	0,618	0,761
Cerro Branco/RS	1.548º	0,524	0,871	0,806	0,409	0,071	1,000	0,052	0,500
Curitiba/PR	9º	0,845	0,788	0,936	0,872	0,428	0,914	0,537	0,730
Vila Nova do Sul/RS	1.882º	0,474	0,808	0,837	0,414	0,079	1,000	0,053	0,485
Florianópolis/SC	3º	0,870	0,799	0,932	0,961	0,578	0,962	0,748	0,815
Loanda/PR	1.076º	0,595	0,724	0,852	0,516	0,165	0,979	0,109	0,525
Brunópolis/ SC	2.717º	0,421	0,646	0,808	0,367	0,055	1,000	0,057	0,438

Fonte: Pochmann e Amorim (2003).

Uma limitação do IES é que ele não considera a densidade demográfica; portanto, seus valores, em porcentagens, podem mascarar a realidade de municípios com alta densidade, comparada com outros, de menor densidade.

Por meio do mapeamento, pode-se ter um instrumento de democratização da informação para a sociedade, com o intuito de sensibilizá-la sobre os principais problemas a serem enfrentados e de abrir um espaço para o diálogo e para a solução desses de forma participativa. É, com certeza, uma oportunidade de uma gestão mais democrática e socialmente justa do território, sendo que vários municípios vêm utilizando o IES para essa finalidade.

6.1.3 ÍNDICE PLANETA FELIZ – THE HAPPY PLANET INDEX (HPI)

> Everybody wants to be happy. There is probably no other goal in life that commands such a high degree of consensus (FREY; STUTZER, 2002, p. 7).

Em 2002, Daniel Kahneman e Vernon L. Smith receberam o Prêmio Nobel em Economia por terem, respectivamente, integrado conceitos de pesquisa em Psicologia e Ciências Econômicas, no que concerne ao julgamento e às escolhas humanas diante de incertezas; e estabelecido experimentos de análise econômica, principalmente nos estudos de mecanismos de mercados alternativos. Juntos, discutiram fundamentos do comportamento e experimentos econômicos, ou Psicologia e experiência em Economia (NOBEL PRIZE, 2007).

A felicidade é estudada por diversas áreas do conhecimento, e o World Database of Happiness (WDH) registra, de forma continuada, as pesquisas científicas sobre as questões subjetivas da apreciação da vida. Trata-se, usualmente, da ciência da felicidade (WDH, 2007).

Esse assunto, ainda recente, é, muitas vezes, considerado não científico pelos economistas porque se volta para análises subjetivas e de comportamento e também pelo conceito não científico que envolve o termo "felicidade". A Microeconomia é o melhor meio, em Ciências Econômicas, para estudar esse assunto, uma vez que consegue se aproximar, tendo em vista os estudos do comportamento humano, principalmente pela ótica do produtor e do consumidor.

A ideia central é que, na Economia, estuda-se a escassez dos recursos em contraponto às necessidades ilimitadas do ser humano. Estas só passam a ser limitadas pelo objetivo de ser feliz quando é simplificado o horizonte – todos buscam a felicidade.

No Brasil, pouco se fala e se pesquisa sobre esse assunto. Há alguns trabalhos e reportagens, ainda tímidos, no aprofundamento da questão, que requerem uma mudança cultural para serem pensados e transmitidos para a elaboração de políticas públicas. Outro contraponto do desenvolvimento de estudos nessa área consiste na pobreza, pois será que alguém pode ser feliz sem possuir as mínimas condições de sobrevivência? Em que se deve pensar primeiro? Em proporcionar o mínimo de condição de vida ou na felicidade da população? No último, inclui-se o pensamento sobre o nível de renda e sobre as condições mínimas de saúde que não existem para milhares no momento. Contudo, sobrevivência e felicidade são complementares, isto é, um fato não ocorre sem a presença do outro.

Em meio a uma discussão sobre como promover o desenvolvimento nos países pobres, há o relato de uma indiana, que estava cursando Master Business Administration (MBA), em Darden, Universidade da Virgínia, em 2004, evidenciado para os colegas de todas as nacionalidades, os quais defendiam que a solução viria da educação, no qual ela contrapôs as ideias. Ela fez o seguinte questionamento: imaginem que há um ônibus que comporta em torno de 40 pessoas para 400 interessados, e que o próximo passará somente no próximo dia. Como explicar para os candidatos a passageiros que eles devem aguardar na fila, ceder os lugares para idosos, gestantes e deficientes, pedir licença para passar ou aguardar o próximo?

O relato mostra que não há educação no mundo que supere um problema estrutural ou de acesso à sobrevivência. Portanto, se for para lutar por ela, as regras mínimas propostas pela educação serão quebradas, na Índia ou em qualquer lugar no mundo. Quando o Furacão Katrina passou por Nova Jérsei, as regras também foram quebradas. Houve saques e vandalismo. Em outras palavras, mais do que a educação, as nações devem estar preparadas para substanciar as condições de desenvolvimento com um pensamento estrutural, de precaução e de inclusão. No entanto, isso não é negar que o meio para o desenvolvimento seja a educação, mas deve-se considerar que a educação leva anos para surtir efeito, e, nesse meio tempo, ressalta-se que mais de 1,5 bilhão de pessoas no mundo estão lutando pela sobrevivência.

A proposta deste capítulo é discutir a relação entre as políticas públicas e a felicidade, mas antes deve passar pelo debate de sua forma de mensuração. Para se tratar explicitamente de tal relação, em primeiro lugar, será apresentado o HPI, que concerne à base para o pensamento da promoção da felicidade e à forma como este pode estar atrelado a políticas públicas.

O HPI é calculado pelo New Economics Foundation (NEF)[2] e teve sua primeira publicação em 2006, na qual foram utilizados os dados de 2003, 2004 e 2005 para compô-la. No entanto, a discussão sobre Economia e felicidade tem origem teórica nas discussões interdisciplinares entre a primeira e a Psicologia, pois, dessa forma, é possível compreender o comportamento das pessoas diante de suas escolhas sobre o consumo e sobre a realização pessoal.

Sendo assim, o conceito de desenvolvimento sustentável compreendido no indicador não é baseado no consumismo, mas sim nas necessidades das pessoas. Considera-se, então, que deve haver novos padrões de mensuração desse desenvolvimento, que não o lucro ou o PIB, porque as necessidades do ser humano se resumem em viver mais e ser feliz, e, portanto, não há compatibilidade entre o objetivo de mensuração do indicador e o da informação. Porém, não necessariamente com o aumento do consumismo e do produto, estar-se-á fazendo as nações felizes. Além disso, o HPI tem um viés no indivíduo e na ecologia, entendido como capacidade de regeneração dos recursos naturais diante da forma de utilização destes pelas nações. Possui, desse modo, uma visão antropológica diante da relação entre o homem e a natureza (NEF, 2007).

Tendo em vista a relevância da felicidade nas discussões sobre o desenvolvimento das nações, é importante observar de que forma é possível medi-la e como o NEF consolidou tal experiência.

---

[2] O NEF foi fundado em 1986, no Reino Unido, pelos líderes da The Other Economic Summit (TOES), e, atualmente, fornece bases para os debates e agendas do G7 e G8.

O objetivo do indicador é mostrar a eficiência da ecologia para atender ao bem-estar da população. Já o público-alvo é constituído por organizações do setor público e privado, terceiro setor, instituições de ensino, organizações e os indivíduos das nações.

Para a formação do índice HPI, parte-se do seguinte pressuposto: entram os recursos do planeta no sistema, os quais são utilizados e empreendidos pelas atividades da comunidade, tecnologia, cuidados com a saúde, economia, das famílias, educação, governo, emprego, consumo e concepção de valores e de conhecimento. O resultado é obtido por meio das relações do homem e do uso e do empreendimento dos recursos planetários, determinado pelo nível de felicidade que se encontra uma nação e pela forma com que esta se relaciona para gerar os meios, conforme demonstrado no Quadro 6.6.

Quadro 6.6 Raciocínio de concepção do HPI

Input	Means	Ends
▶ Planetary resources ▶	▶ Community, technology, healthcare, economy, values, family, education, governance, employment, consumption ▶	▶ Long and happy lifes.

Fonte: NEF (2007) – adaptado pelos autores.

Considerando que o desenvolvimento sustentável se dá pela interação das dimensões social, ambiental, cultural, econômica e espacial, o HPI é composto por três indicadores, cada qual abrangendo as seguintes dimensões desse desenvolvimento:

a) Pegada ecológica (*Ecological footprint*) – dimensão ambiental e espacial.

b) Satisfação de vida (*Life satisfaction – LS*) – a dimensão considera o desenvolvimento sustentável como fruto das ações das pessoas, pelas pessoas e para as pessoas, permeando, assim, todas as dimensões: social, econômica, ambiental, espacial e cultural.

c) Expectativa de vida (*Life expectancy*) – dimensão social (saúde).

Para coletar os dados e tratá-los, o NEF utilizou a metodologia a seguir. Agrupou os três indicadores:

1) Pegada ecológica – calculada pelo World Wildlife Fund (WWF), organização global de conservação da natureza, e pelo Global Footprint Networks' Living Planet Report 2004.

2) Satisfação de vida (LS) – resulta em uma equação prévia para compor o HPI, juntamente com os outros dois indicadores, e tem origem em quatro pilares:

   a) WDH (1995-2005) – a pergunta dada aos entrevistados foi: Considerando tudo e sua vida, de forma geral, quão satisfeito você é com sua vida hoje? Já no *Veenhoven´s Database*, a questão era: Supondo que o topo da escada representa a melhor condição da sua vida e a base da escada representa a pior condição de vida, onde você considera estar nesta escadaria, neste momento?

   b) World Health Survey: Com qual frequência você se sente inábil, ou sem tempo, para controlar coisas importantes em sua vida? Quão satisfeito você está com relação à sua saúde? – pesquisa do World Health Organization (WHO), da ONU.

   c) Latinobarometer[3] – uma ferramenta que homogeneiza as informações oriundas da América Latina em relação à coleta mundial.

   d) Afrobarometer – um mecanismo para homogeneizar as informações e os dados provenientes da África também em relação à coleta mundial.

---

[3] "A ferramenta de avaliação conhecida como Barometer of Sustainability ou Barômetro da Sustentabilidade foi desenvolvida por diversos especialistas, ligados principalmente a dois institutos, o The World Conservation Union (IUCN) e o The International Development Research Centre (IDRC). Este método foi desenvolvido como um modelo sistêmico dirigido prioritariamente aos seus usuários com o objetivo de mensurar a sustentabilidade. O Barometer of Sustainability é destinado, segundos seus autores, às agências governamentais e não governamentais, tomadores de decisão e pessoas envolvidas com questões relativas ao desenvolvimento sustentável, em qualquer nível do sistema, do local ao global." (PRESCOTT-ALLEN, 1997, apud BELLEN, 2004, p. 79).

e) Human Well-Being Index – apoiado pelo International Development Research Centre (IDRC).

Os vários indicadores utilizados e agrupados na equação proposta pelo cálculo do LS explicam o valor de 0,87 deste:

$$LS = A \times 0,045 + B \times 0,45 + C/D \times 0,35 + E \times 0,01 - 0,021 \blacktriangleright R^2 = 0,87$$

3) Expectativa de vida – retirada do *Human Development Report* do PNUD.

Depois da coleta dos indicadores, para finalizar o HPI, é utilizado algoritmo para equilibrar a Expectativa e a Satisfação de vida. Por fim, a relação do indicador na formação de um índice se dá pela seguinte equação, na qual são relacionadas as expectativas da população e de uma vida feliz e mais longa e a forma de utilização dos recursos naturais para que isso ocorra, conforme os princípios de *input* e *output* do índice:

$$HPI = \frac{\text{Life satisfaction} \times \text{Life expectancy}}{\text{Ecological footprint}}$$

O HPI traz uma nova forma de pensar sobre a utilização dos recursos no sentido de que estes devem atender a uma necessidade das pessoas: a felicidade. Trata-se de uma limitação dos fins a serem satisfeitos ou contemplados, considerando a questão ambiental, ou seja, as vontades das pessoas, além da forma como o homem se organiza em relação ao meio social, político, cultural, econômico e espacial, estão relacionadas à capacidade dos recursos naturais de se regenerarem de modo a garantir as mesmas necessidades e organizações para as próximas gerações.

6.1.4 ÍNDICE DE CONDIÇÃO DE VIDA (ICV)

Rocha et al. (2000) pretendem induzir a uma reflexão das condições de vida da população por meio da seguinte pergunta: De quem é a melhor percepção de qualidade de vida: daqueles que a vivem ou daqueles que a observam?

A medida da qualidade de vida é um ato permanente de desafio, já que para esses autores (2000):

> Qualidade é de estilo cultural, mais que tecnológico; artístico, mais que produtivo; lúdico, mais que eficiente; sábio, mais que científico. Diz respeito ao mundo tão tênue quanto vital da felicidade. Não se é feliz sem a esfera do ter, mas é principalmente uma questão de ser. Não é uma conquista de uma mina de ouro que nos faria ricos, mas sobretudo a conquista de nossas potencialidades próprias, de nossa capacidade de autodeterminação, do espaço da criação. É o exercício da competência política.

O grande passo na busca da superação desse desafio vem da substituição do PIB *per capita*, até então o índice utilizado para medir o desenvolvimento de uma região, pelo IDH. A partir daí, derivou-se uma série de outros índices de medida do desenvolvimento, sempre com o foco em avaliar a qualidade de vida. Desse modo, as medidas deixaram de ter uma perspectiva meramente econômica e passaram a avaliar outras características inerentes ao desenvolvimento humano, como a renda, a educação, a saúde e a expectativa de vida, entre outros.

Entre esses índices de medida da qualidade de vida, destaca-se o ICV, que é uma extensão do IDH-M. Porém, ele incorpora, além das dimensões longevidade, educação e renda, as da infância e da habitação, de modo a compreender, de uma forma mais abrangente, o processo de desenvolvimento social.

O propósito do ICV é medir o desenvolvimento humano de uma unidade geográfica. Com isso, ele funciona como uma referência para a sociedade civil, acerca do grau de desenvolvimento de uma região, e também aos formuladores de políticas públicas, para a promoção da redução das desigualdades econômica e social.

A metodologia básica adotada na construção do ICV segue três etapas. Na primeira, escolhem-se os indicadores utilizados e definem-se como serão divididos entre as dimensões. O ICV é composto de dezoito indicadores agrupados em cinco dimensões, conforme demonstrado no Quadro 6.7.

Quadro 6.7 Indicadores e dimensões do cálculo do ICV

		Limites do indicador		Pesos	
		melhor	pior	na dimensão	no índice
Renda		**1**	**0**	**1**	**1/5**
	Renda familiar *per capita* média ajustada	1,364	0,050	1/2	1/10
	Hiato de renda quadrático médio – P2	0	0,9	1/4	1/20
	Índice de Theil padronizado [= 1-e(-L)]	0	1	1/4	1/20
Educação		**1**	**0**	**1**	**1/15**
	Taxa de analfabetismo (%)	0	100	1/2	1/10
	Número médio de anos de estudo (anos)	15	0	1/4	1/20
	Porcentagem da população com menos de 4 anos de estudo	0	100	1/12	1/60
	Porcentagem da população com menos de 8 anos de estudo	25	100	1/12	1/60
	Porcentagem da população com mais de 11 anos de estudo	50	0	1/12	1/60
Infância		**1**	**0**	**1**	**1/5**
	Porcentagem de crianças que não frequentam a escola	0	100	1/2	1/10
	Defasagem escolar média (anos)	0	6	1/8	1/40
	Porcentagem de crianças com mais de um ano de defasagem escolar	0	100	1/8	1/40
	Porcentagem de crianças que trabalham	0	100	1/4	1/20
Habitação		**1**	**0**	**1**	**1/5**
	Porcentagem da população que vive em domicílio com densidade acima de 2	0	100	1/4	1/20
	Porcentagem da população que vive em domicílio duráveis	100	0	1/4	1/20
	Porcentagem da população que vive em domicílio com abastecimento	100	0	1/4	1/20
	Porcentagem da população que vive em domicílio com instalações adequadas	100	0	1/4	1/20
Longevidade		**1**	**0**	**1**	**1/5**
	Esperança de vida ao nascer (anos)	85	25	1/2	1/10
	Taxa de mortalidade infantil (por mil)	0	320	1/2	1/10

Fonte: ONU e HDR (1994), citado por Rocha et al. (2000) – adaptado pelos autores.

A segunda etapa consiste em transformar os diversos indicadores em índices, cujos valores variem entre 0 e 1, de tal forma que os mais elevados indiquem melhores condições de vida. Assim, entre 0 e 0,5 indicará baixa condição de vida; entre 0,5 e 0,8, média condição, e acima de 0,8, alta condição. O índice pode ser obtido, segundo o documento *Definição e metodologia de cálculo dos indicadores e índices de desenvolvimento humano e condições de vida* (PNUD, 1998), pela seguinte fórmula:

$$\text{Índice} = \frac{\text{Valor observado para o indicador} - \text{Pior valor}}{\text{Melhor valor} - \text{Pior valor}}$$

Esta expressão garante que o índice permaneça sempre entre 0 e 1, pelo menos enquanto o valor observado pelo indicador continuar dentro dos limites estabelecidos. Assim, quando esse valor se aproximar de 1, o índice indicará a melhor situação. No entanto, quando ele se aproximar de 0, tenderá para a pior. O Quadro 6.7 demonstra as escolhas para o pior e para o melhor valor correspondente a cada um.

A terceira etapa envolve a escolha dos pesos atribuídos a cada indicador, ainda detalhados no mesmo quadro, o que resultará nos índices sintéticos para cada dimensão. O próximo passo é escolher um peso para cada um, e, com base nestes dois itens, compõe-se o índice sintético geral.

Se há uma relação de causa e efeito entre os indicadores, ela pode ser admitida como sendo a falta de investimentos em educação, a exploração do trabalho infantil com a consequente evasão escolar, os baixos investimentos em saúde pública, a falta de políticas habitacionais e a má distribuição de renda. Esses problemas afetam diretamente a performance do ICV.

Para a sua composição utilizam-se, com exclusividade, variáveis obtidas, direta ou indiretamente, dos censos demográficos do IBGE.

Desse modo, um índice como o ICV, que mede a qualidade de vida de uma região e sua população, não deve ser apenas uma notícia que estampa as manchetes de jornais por alguns dias. Informações dessa natureza devem servir para mobilizar a sociedade civil organizada, para que esta possa, pelas Organizações Não Governamentais (ONGs) e pelas Organizações da Sociedade Civil de Interesse Público (Oscips), definir projetos para ampliar a qualidade de vida de uma região. Mas deve, sobretudo, servir como base para que sejam tomadas medidas corretivas, por meio de políticas públicas eficazes, para combate da má qualidade de vida.

O limitador encontrado para o ICV é sua efetiva utilização. Partindo-se do pressuposto de que se trata de um índice que tem por objetivo a medição da qualidade de vida, ele fica bastante ofuscado pela utilização de outros índices, como o IDH e o IDH-M. Estes estão bastante difundidos e largamente utilizados, servindo como referência para a sociedade civil e para os formuladores de políticas públicas. Dada a similaridade existente entre os mesmos, torna-se mais prática e objetiva a medição das condições de vida de uma região a partir dos dois.

Para Rocha et al. (2000), mede-se em qualidade de vida apenas uma fração dos movimentos exercidos no solo urbano e na pele humana: "[...] É a pretensão de verter a agilidade da vida em [...] números. Mas a vida é muito mais que isso".

6.1.5 ÍNDICE DE QUALIDADE DO MEIO AMBIENTE (IQMA)

O IQMA foi proposto por Rufino (2002) em uma dissertação para a avaliação da qualidade ambiental do município de Tubarão, Santa Catarina (SC), por meio do uso de indicadores ambientais, tendo como base o modelo analítico de Pressão-Estado-Resposta (PER), que é um sistema de indicadores ambientais utilizado, cada vez mais, em escala mundial, uma vez que consegue organizar a informação ambiental.

Esse modelo analítico, proposto pela Organization for Economic Cooperation and Development (Oced) e realizado na Fundação Municipal do Meio Ambiente (Faema), de Blumenau/SC, para avaliar o Índice de Sustentabilidade Blumenau (ISB), implica mostrar que as atividades humanas ocasionam uma pressão sobre o meio ambiente, podendo afetar seu estado, o que obriga a sociedade a responder com ações para reduzir ou prevenir os impactos negativos.

Rufino descreve o desenvolvimento sustentável como sendo socialmente justo, economicamente viável e ecologicamente correto, e o conceito utilizado abrange as três dimensões sempre discutidas quando se trata desse tema.

Foram desenvolvidos indicadores que, posteriormente, agregaram-se em índices de pressão ambiental e de estado do ambiente, e, em seguida, transformados em um índice ambiental sintético colocado em uma escala de rendimento, proporcionando uma informação geral sobre a qualidade ambiental na área de estudo.

Optou-se, no trabalho, pela escolha de indicadores que, de alguma maneira, influenciavam em quatro elementos fundamentais da natureza: ar, água, solo e cobertura vegetal, distinguindo indicadores de pressão ambiental de estado do meio ambiente.

Os indicadores de pressão existentes são: resíduos sólidos produzidos; efluentes domésticos – o esgoto – lançados no ambiente; e consumo de água. Já os de estado são: cobertura vegetal e uso do solo; e índice de qualidade da água e do ar.

Foi realizada, no final, uma análise comparativa dos indicadores ambientais obtidos para o município de Tubarão com os valores preconizados na legislação ambiental vigente no País.

Considerando que essa legislação estabelece como padrão valores sustentáveis para o controle do estresse e da qualidade ambiental, as melhores e as piores situações ambientais foram consideradas de acordo com o que foi estabelecido, bem como pelo comparativo dos valores determinados por índices clássicos, como o de qualidade da água e do ar.

Para se calcular o IQMA, foram utilizados cálculos e fórmulas baseados nos da Faema (RUFINO, 2002). Para a compreensão destes, será apresentado um indicador de pressão: resíduos sólidos produzidos.

A agregação do índice relativo aos resíduos sólidos (I_{RS}) foi obtida pela fórmula matemática:

$$I_{RS} = \Sigma \ (qi \times pi)$$

Em que, *qi* é a porcentagem do tipo de resíduo gerado no município e *pi* é o fator de peso atribuído para o tipo de tratamento dado ao resíduo.

O Quadro 6.8 apresenta os dados relativos à porcentagem do tipo de resíduo gerado no município de Tubarão, obtidos junto à prefeitura municipal e a outros órgãos governamentais (Fatma, SDM, Epagri, Faema).

Quadro 6.8 Porcentagens de resíduos gerados no município

Resíduo	Quantidade (%)	Fator de peso	Índice parcial
Doméstico	39,24	0,1	3,924
Industrial/comercial	10,24	0,1	1,024
Entulho	49,99	0,1	4,999
Público	0,5	0,1	0,050
Hospitalar	0,02	1,0	0,020
Reciclado	0,01	–	0,010
Total	100		10,027

Fonte: Rufino (2002).

O IQMA foi obtido pela seguinte expressão matemática:

$$IQMA = \frac{(\Sigma I_{PA} \times pi + \Sigma I_{EA} \times pi)}{2}$$

Em que: *IPA* refere-se aos indicadores/índices de pressão ambiental; *IEA*, aos de estado do ambiente; e *pi*, ao peso de importância do indicador/índice.

O resultado obtido para a qualidade ambiental do município de Tubarão não é absoluto. Apesar de a classificação da qualidade ter sido ruim, existem limitações para uma melhor avaliação, como a falta de dados e de registros de informações na prefeitura e órgãos competentes.

Fica evidente, no entanto, que os indicadores conseguem tratar e transmitir, de forma sintética, a informação de caráter técnico e científico original, utilizando apenas variáveis que melhor definem e caracterizam os objetivos em questão.

6.2 COMPARAÇÕES DOS ÍNDICES SELECIONADOS

Com base nas variáveis que devem ser consideradas na elaboração de indicadores e índices, segue, nesta seção, a comparação entre estes apresentados. A análise comparativa dos indicadores deve considerar a abrangência, o objetivo e a periodicidade do indicador, bem como suas relações institucionais, seu conceito sobre desenvolvimento sustentável, sua relação com as dimensões do desenvolvimento sustentável, a origem dos dados para sua formação, o modo exigido para coleta e tratamento dos dados, sua relação com a formação de outros índices, as situações de causa e efeito em relação a outros indicadores e sua periodicidade.

Quanto à abrangência, o IDH e o HPI são os únicos de amplitude mundial, considerando ajustes e adaptações necessárias para homogeneizar as informações coletadas nos diversos países. O IDH, o ICV e o IES são direcionados para uma mensuração nacional, enquanto o IQMA, para uma esfera municipal.

Já os objetivos para a elaboração dos índices configuram o desenvolvimento humano, com foco no desenvolvimento sustentável. Porém, os conceitos considerados variam para essa finalidade (Quadro 6.9).

Quanto à periodicidade, o HPI e o IQMA só foram elaborados uma única vez. O IES e o IDH possuem igual periodicidade e fontes de dados. Já o ICV baseia-se em dados do IDH e do IBGE, mas não é compatível com nenhum outro. Por possuírem objetivos diferentes, não há clara compatibilidade entre os indicadores. Os mais próximos de comparação são o IDH, o IES e o ICV, que se baseiam em referências institucionais semelhantes, orientados pela ONU. Apesar de o IQMA também se direcionar para as considerações desse órgão, ele apresenta uma nova proposta para os objetivos locais do desenvolvimento sustentável. Por fim, o IDH e o IES podem ser estudados e comparados entre si pelos objetivos opostos e complementares ao mesmo tempo.

O Quadro 6.9 sintetiza algumas das variáveis, de acordo com os índices apresentados neste estudo.

Quadro 6.9 Comparação entre propostas: IDH, IDS, HPI, ICV e IQMA

Itens para análise	Indicadores	Descrição
Objetivo	IDH	Permite avaliar o nível de desenvolvimento social e econômico de um determinado local, de modo que possibilite os níveis de sustentabilidade do local analisado.
	IES	Permite mapear a exclusão social dos municípios, de forma a direcionar políticas públicas de acordo com as especificidades territoriais.
	HPI	Difunde uma nova forma de pensar o desenvolvimento e provocar as instituições a pensar nos anseios da população, além de observar a felicidade dos povos.
	ICV	Mede a qualidade de vida de uma região, considerando, além das dimensões de longevidade, de educação e de renda, outros indicadores destinados a avaliar as de infância e de habitação.
	IQMA	Avalia a qualidade ambiental da cidade de Tubarão.
Conceito de desenvolvimento sustentável	IDH	Considera na sua composição, além da dimensão econômica, a social.
	IES	Considera a exclusão social como problema multidimensional, com ênfase nas dimensões social, espacial e ambiental.
	HPI	Com foco nos anseios da felicidade das nações, considerando, para tanto, a capacidade ambiental das mesmas.
	ICV	Tem como propósito medir o desenvolvimento humano de uma unidade geográfica, e é essa a fonte de informação que os formuladores de políticas públicas têm para a redução das desigualdades econômica e social.
	IQMA	Desenvolvimento socialmente justo, economicamente viável e ecologicamente correto.

(continua)

(continuação)		
	IDH	Os dados utilizados são coletados junto a agências internacionais. Para sua composição, são utilizados indicadores de vida longa e saudável, nível de conhecimento e nível de vida digna.
	IES	O IES surgiu do IDH, a partir de sete indicadores e com base em três componentes: pobreza – porcentagem de chefes de famílias pobres nos municípios; violência – o índice de homicídio por 100 mil habitantes; escolaridade – número médio de anos de estudos do chefe de família; alfabetização – taxa de alfabetização de pessoas acima de 5 anos de idade; desigualdade social; emprego formal – taxa de emprego formal em idade ativa; e concentração de jovens. Portanto, esse índice correlaciona o padrão de vida digno, utilizando indicadores de pobreza, emprego formal e desigualdade; conhecimento, por meio de anos de estudo e alfabetização; e risco juvenil, concentração de jovens e índice de violência. A partir destas variáveis, produziu-se um estudo de forma georreferenciada, disponibilizando as informações na forma de mapas elaborados por imagens de satélite.
Forma de coleta e tratamento de dados	HPI	Tabulação e incorporação de três indicadores: expectativa de vida, satisfação de vida e *ecological footprint*, além da utilização de ferramentas matemáticas e estatísticas para a homogeneização das informações entre os países.
	ICV	ICV é índice composto de dezoito indicadores agrupados em cinco dimensões: renda, educação, infância, habitação e longevidade. Varia de 0 a 1, sendo: 0 a 0,5 – baixo desenvolvimento humano/condições de vida; 0,5 a 0,8 – médio desenvolvimento; acima de 0,8 – alto desenvolvimento. Os dados são obtidos a partir dos censos demográficos.
	IQMA	A coleta dos dados foi baseada nos quatro elementos fundamentais da natureza: ar, água, solo e cobertura vegetal. Consideraram-se, então, informações referentes à produção e disposição de resíduos sólidos, consumo de água e sua disponibilidade, produção e tratamento de efluentes domésticos (esgoto), qualidade do ar e da água, uso do solo e cobertura vegetal. Foram elaborados, posteriormente, indicadores/índices para se fazer uma avaliação da qualidade ambiental no município de Tubarão – como foi explicado anteriormente.
Formação de um índice	IDH	É utilizado como base para a criação dos índices IDS e ICV.
	IES	É utilizado para mapear a exclusão social por meio do *Atlas de Exclusão Social*.

(continua)

(continuação)

Itens para análise	Indicadores	Descrição
	HPI	Relação entre expectativa de vida, satisfação de vida e a capacidade ambiental de sustentar estas expectativas.
	ICV	Relação não identificada.
	IQMA	De acordo com explicação feita anteriormente.
	IDH	Permite identificar, por meio de dados que retratam o nível de pobreza dos países, a ausência de investimentos na área social em escala mundial.
	IES	Permite identificar o tipo específico de exclusão social por território, como o desemprego nos grandes centros urbanos.
Causa e efeito entre indicadores	HPI	Apenas pela observação do pressuposto do índice: *input* ▶ *output*.
	ICV	A relação de causalidade pode ser admitida como sendo a falta de investimentos em educação e em equipamentos urbanos que permitem uma boa qualidade de vida durante a infância, e a pouca atenção às necessidades básicas, como o saneamento, a falta de políticas habitacionais e a má distribuição de renda.
	IQMA	As atividades humanas ocasionam uma pressão sobre o meio ambiente, podendo afetar seu estado, o que obriga a sociedade a responder com ações para reduzir ou prevenir os impactos negativos.
	IDH	Anual, com defasagem de dois anos.
	IES	Igual aos dados oficiais que compõem o IDH.
Periodicidade	HPI	Elaborado apenas uma vez, para o ano de 2005.
	ICV	Como trabalha com dados dos censos demográficos, foi calculado para os anos de 1970, 1980, 1991 e 2000.
	IQMA	Só foi feita uma vez.

Fonte: Elaborado pelos autores.

Não são possíveis considerações sobre o custo-benefício das informações devido à ausência destas em relação às políticas públicas e aos investimentos e sobre os retornos para a sociedade da coleta desses dados. Isso implica os problemas de utilização dos indicadores para a elaboração, mensuração, acompanhamento e reformulações dessas políticas.

Conforme já abordado no início desta seção, há divergências sobre o conceito de desenvolvimento sustentável incorporado pelos índices, nos quais não foi verificado o envolvimento das dimensões desse desenvolvimento (Quadro 6.10).

Assim, confirma-se a preocupação comum desses cinco índices a respeito do desenvolvimento humano.

Quadro 6.10 IDH, IDS, HPI, ICV E IQMA *versus* dimensões do desenvolvimento sustentável

		Dimensões				
		Econômica	Social	Ambiental	Cultural	Espacial
Indicadores	IDH	X	X			
	IDS		X	X		X
	HPI	X	X	X	X	X
	ICV	X	X			
	IQMA		X	X		

Fonte: Elaborado pelos autores.

A subjetividade na avaliação do desenvolvimento sustentável é perceptível pela observação desses índices. Apesar de, muitas vezes, eles buscarem refletir essas relações, as políticas públicas não conseguem medir seus impactos. No entanto, mesmo que nem todas as dimensões desse desenvolvimento sejam consideradas para o cálculo desses índices, sempre haverá impactos finais nas dimensões social, ambiental, econômica, cultural e espacial, pois estas se interligam pelas ações dos agentes do desenvolvimento sustentável.

No entanto, mesmo quando um indicador envolve todas as dimensões, como o HPI, ele, isoladamente, não seria suficiente para a realização de uma análise complexa em termos de profundidade e análise das localidades.

6.3 EXEMPLOS DE APLICAÇÕES DOS ÍNDICES SELECIONADOS

A discussão proposta neste tópico firma-se na importância de retratar experiências do uso de indicadores em políticas públicas, visando fazer considerações sobre a implicação do IDH, IES, HPI, ICV e IQMA no processo de elaboração, implementação, acompanhamento e reformulações nas mesmas.

6.3.1 O IDH E AS POLÍTICAS PÚBLICAS

Pedroso (2003) descreve algumas experiências brasileiras em relação à aplicação do IDH, mencionando que o uso desse índice, no Brasil, iniciou-se em 1996, por meio de uma parceria estabelecida entre o escritório brasileiro do PNUD e o Ipea. Dessa parceria, resultou a produção do primeiro RDH no Brasil, no qual foram divulgados os índices de desenvolvimento humano referentes às grandes regiões e aos Estados brasileiros.

De acordo com Pedroso (2003), ainda em 1996, a Fundação João Pinheiro e o Ipea estabeleceram uma parceria que originou a publicação do livro *Condições de Vida nos Municípios Mineiros*, no qual foram apresentados os indicadores de desenvolvimento humano desagregados para todos os municípios do Estado. Segundo o autor, esse foi um estudo pioneiro em nível mundial, pois os pesquisadores dessa parceria adaptaram a metodologia do IDH para a aplicação municipal e criaram novos indicadores, o IDH-M e o ICV, citados anteriormente nesta pesquisa.

Pedroso (2003) afirma também que, em 1998, a convite do PNUD, as equipes da Fundação João Pinheiro e do Ipea produziram um estudo semelhante, abrangendo todos os municípios brasileiros. Segundo ele, os resultados desse projeto colocaram o Brasil na vanguarda mundial dos estudos sobre o desenvolvimento humano, tornando-o o primeiro país a dispor desses indicadores desagregados para todos os seus municípios, Estados e grandes regiões.

O desenvolvimento e a aplicação do IDH e do IDH-M em diversos estudos no Brasil possibilitaram uma maior aproximação no que se refere ao entendimento e à utilização do índice por toda a sociedade, em especial no desenvolvimento de políticas públicas. Atualmente, no Brasil, esses índices tornaram-se referências nacionais, possibilitando uma avaliação mais abrangente do nível de desenvolvimento humano do País e das precárias condições sociais que afligem boa parte da população, principalmente nas regiões menos desenvolvidas.

6.3.2 O IES E AS POLÍTICAS PÚBLICAS

O *Mapa da Exclusão/Inclusão Social da Cidade de São Paulo*, que apresenta uma metodologia semelhante ao *Atlas de Exclusão Social no Brasil* na utilização do IES, feito pelo Núcleo de Seguridade e Assistência Social da PUC-SP, sob a coordenação de Aldaíza Sposati, juntamente com outras ONGs, em 1995, foi um dos instrumentos que auxiliou na construção de estratégias de implantação da Lei Orgânica da Assistência Social (Loas) – política social que responsabiliza o Estado pela provisão de mínimos sociais à sociedade brasileira.

Na construção desse mapa, a metodologia partiu, primeiro, para conhecer o tamanho da discrepância das condições de autonomia, de qualidade de vida, de desenvolvimento humano e de equidade entre os habitantes dos vários distritos da grande área metropolitana de São Paulo. Por meio de 49 indicadores analisados em 96 distritos da cidade, foram registrados o mínimo de inclusão como sendo a melhor e o máximo de exclusão como sendo a pior situação detectada pela população de um distrito. A maior dificuldade encontrada foi a falta de referenciais para a sociedade brasileira sobre o padrão de inclusão social, o que exigiu um debate para buscar, de modo concreto, o significado dessas situações excludentes e inclusivas, ou seja, identificar os seus pontos de mutação.

Assim, foram detectadas algumas situações concretas ligadas, por exemplo, à precariedade da qualidade de vida: baixa possibilidade de uso dos serviços públicos; ausência de infraestrutura; baixa e precária oferta de serviços sociais à população, nas áreas de saúde, educação, cultura e abastecimento; precária condição ambiental; moradia em áreas de risco sujeitas a desabamento e incêndios e próximas a depósitos de lixo; incompatibilidade da oferta de serviços e das condições de vida efetiva da população; ineficiência dos serviços públicos e desrespeito, em seu funcionamento, à dignidade do cidadão (SPOSATI, 1998, p. 8).

Em um segundo momento da construção do mapa, em 2003, após os resultados do IES para o município, a prefeitura, por meio da Secretaria de Desenvolvimento, Trabalho e Solidariedade, implantou três programas voltados para os desempregados: o Bolsa Trabalho, dirigido aos jovens desempregados de 16 a 20 anos;

o Programa Começar de Novo, direcionado aos desempregados de idade superior a 40 anos; e a Bolsa Trabalho-Emprego, que realiza o pagamento da contratação de jovens junto às empresas, em busca de experiência de trabalho.

O mesmo índice aplicado no município de Aracaju, Sergipe, detectou uma correspondência entre espaço e condição social, isto é, que:

> O espaço urbano de Aracaju é fragmentado, articulado e profundamente desigual, pois é reflexo da distribuição das classes sociais no território e que Aracaju encontra-se numa situação de qualidade ambiental grave pelo seu crescimento sobre mangues e por aglomerações nas proximidades de rios (SANTOS, 2006).

Portanto, o IES não representa apenas um indicador, mas sim um convite ao diálogo entre os vários atores sociais, em busca de melhor compreensão da realidade local e, consequentemente, de uma ação mais efetiva de construção coletiva de políticas públicas rumo à sustentabilidade.

6.3.3 O HPI E AS POLÍTICAS PÚBLICAS

Quanto à promoção da felicidade, o que os governantes deveriam pensar para promovê-la? A sugestão é que deveriam propor e estabelecer políticas públicas para que estas resultem no incremento da felicidade, visto que são o meio, e a felicidade o fim, de seus trabalhos. Então, no momento de elaborá-las para as diversas áreas – saúde, escolaridade, renda, entre outras –, deve-se pensar no objetivo, que é a felicidade da população. A política de renda, por exemplo, deve pensar nas condições de trabalho; já a de escolaridade, no desenvolvimento cultural, e assim por diante. O HPI seria apenas uma forma de observar o desempenho do todo, ou seja, a condição de desenvolvimento de uma nação.

Entre outros objetivos, o HPI pretende mudar a visão das pessoas e dos governantes para que eles se atenham às questões do desenvolvimento e não mais no acúmulo de riquezas. A felicidade já é observada há algum tempo no Butão, antes de se estruturar o HPI. No entanto, era um projeto que ficaria pronto em 2008 (NEF, 2007).

Todo indicador deve possuir ao menos uma finalidade. No Butão, além do HPI avaliar o índice de felicidade do país, ele também é utilizado para acompanhar os resultados da política, medindo o incremento nacional de felicidade – o Gross National Happiness (GNH). Trata-se de uma política que constitui um trabalho filosófico para mudar a percepção das pessoas sobre a importância dos bens materiais e alcançar um bom desempenho do governo. Se este for eficiente, estará proporcionando maior satisfação para os indivíduos e trazendo uma nova forma de pensar. A ideia, originária do rei, é que a nação ganhe tempo, mantendo uma economia fechada, até que os cidadãos do país estejam prontos para as mudanças que o mundo irá trazer (NEF, 2007).

Para prosseguir na mensuração do incremento da felicidade oriundo de uma boa governança, foi realizado um projeto piloto pelo Centre for Bhutan Studies, em Thimpu, no qual foram propostos nove domínios de indicadores: padrão de vida; saúde; educação; diversidade do ecossistema; vitalidade cultural; equilíbrio do uso do tempo; bom governo; vitalidade da comunidade; e bem estar psicológico. Ainda não se sabe como será a relação entre as dimensões e os indicadores, mas estes formariam, então, um "meta-index" do GNH, pela composição e inter-relação entre os diversos indicadores de cada domínio.

O Butão age pensando na questão da felicidade, mas não tem uma forma efetiva de mensurá-la. Paralela à pregação de uma filosofia diferente do mundo capitalista consumista, até o índice ficar pronto, em 2008, o país se reportava ao HPI, no qual ocupava a 13ª colocação, sendo o único país asiático a obter sucesso em dois dos três indicadores utilizados para o cálculo.

6.3.4 O IQMA E AS POLÍTICAS PÚBLICAS

Com base nos resultados apresentados por esses índices e na pressão realizada pela sociedade organizada, as diversas esferas de governo têm se preocupado em desenvolver políticas públicas visando à melhoria e/ou ampliação dos índices obtidos. Parte dessa preocupação ocorre em razão da necessidade latente de minimizar os efeitos colaterais produzidos pelas diferenças sociais existentes e, principalmente, de se obter resultados positivos de governo, uma vez que a utilização dos índices tornou-se comum para o estabelecimento de comparações governamentais.

Em relação às questões ambientais, ainda não se têm muitas notícias a respeito de trabalhos avaliativos sobre a qualidade ambiental de cidades no Brasil.

Existem informações de trabalhos isolados, realizados por órgãos, de âmbito estadual, responsáveis por essa questão, como a Companhia de Tecnologia de Saneamento Ambiental (Cetesb), em São Paulo, que trabalha em alguns municípios com indicadores/índices ambientais. Com referência à agregação dessas informações para se construir um índice mais geral, ainda não foram encontrados dados.

Um dos poucos trabalhos encontrados no Brasil diz respeito à experiência realizada pela Faema, que vem ocorrendo no município de Blumenau. Essa fundação construiu, em 1997, um sistema de indicadores ambientais para avaliar o ISB, como maneira de fazer a avaliação do meio ambiente no referido município e como subsídio para a tomada de decisões. O ISB foi realizado pela agregação de indicadores ambientais com o intuito de avaliar, anualmente, a evolução do município rumo ao desenvolvimento sustentável (RUFINO, 2002).

6.4 USO DOS ÍNDICES EM POLÍTICAS PÚBLICAS

Como limitação desta seção, ressalta-se a ausência ou o baixo volume de informações sobre o uso desses índices em políticas públicas, mesmo constatando que a fase de sua elaboração é a que mais os utiliza. Contudo, tanto com as limitações quanto com os objetivos dos índices, a implementação é afetada pela incompatibilidade das etapas de planejamento, de elaboração de programas e de projetos, pois ela acaba se perdendo em meio a um emaranhado volume de necessidades apresentadas pela sociedade. As demandas são inúmeras, e entre a identificação dos problemas pelos índices e o atendimento imediato das necessidades da população, forma-se um hiato nessa fase com relação à etapa anterior.

Se houver falhas na passagem da primeira para a segunda fase das políticas públicas, o acompanhamento será afetado, e aquilo que foi planejado, visando atender aos interesses políticos e aos anseios imediatos da população, não será implementado. A questão é: O que medir, se as ações se perderem no meio do caminho? Entretanto, na elaboração e na observação de indicadores na fase de acompanhamento, estes são mais envolvidos do que os componentes de um índice, uma vez que também verificam o desempenho dos programas. A alteração de foco das políticas públicas implica, do mesmo modo, a incompatibilidade do uso dos índices nessa fase.

Quanto às reformulações, estas são ainda consideradas como elaborações. São poucos os momentos em que há uma reflexão sobre sua realização e sua continuidade. Os indicadores até podem ser constantemente observados, mas os focos divergem no campo das políticas públicas.

Por fim, é necessário visitar novamente as instituições que se propuseram a estabelecer todas as fases da política pública para saber se elas, cada uma a sua maneira, cumpriram com a proposta inicial de planejar o desenvolvimento sustentável.

CONSIDERAÇÕES FINAIS

Para Adeodato (2005), as estratégias para a construção participativa de um sistema de indicadores locais são variadas, indo desde a elaboração de um trabalho mais institucional e restrito, com uma metodologia mais técnica e especializada, até uma mobilização social para fazer parte no processo, por meio de uma construção mais cooperativa com a sociedade. A autora recomenda ainda que a definição de estratégias de implementação leve em consideração as condições e as especificidades locais que favorecem a construção do seu sistema de indicadores para o monitoramento da sustentabilidade das políticas públicas locais.

Dessa forma, a aplicação de indicadores em políticas públicas exige a seleção e a composição de um conjunto de indicadores capaz de retratar a realidade de uma determinada localidade. Para Garcias (apud ADEODATO, 2005), a construção e a seleção destes dependem da clareza e do estabelecimento de objetivos e metas comuns entre os diversos atores envolvidos.

A identidade do local precisa ser resguardada na elaboração de indicadores e de políticas públicas. Porém, deve-se atentar que toda localidade participa de uma dinâmica maior e, sucessivamente, alcança o global. Portanto, deve haver compatibilidade entre a parte e o todo, tanto na mensuração quanto nas políticas públicas, tendo em vista o processo do desenvolvimento sustentável.

A correta mensuração dos resultados obtidos no exercício das políticas públicas só ocorrerá por meio da composição de um conjunto de indicadores capaz de retratar em profundidade a realidade percebida e de reformulações na administração dessas políticas. Isso implica a solução dos problemas de utilização dos indicadores para a elaboração, a mensuração, o acompanhamento e as reformulações dessas.

Seguindo a ideia de uma máxima da teoria da administração, na qual se determina que só se gerencia, de fato, aquele que mede e que acompanha as atividades desenvolvidas, apenas a aplicação de indicadores é capaz de determinar o nível do sucesso obtido durante o desenvolvimento de políticas públicas.

Além da questão da mensuração dos resultados alcançados, os indicadores poderão servir ainda como uma importante ferramenta de comunicação entre o Estado e a sociedade, permitindo com que esta acompanhe e participe de forma mais ativa dos processos relacionados às ações dos governos nas três esferas do poder: municipal, estadual e nacional.

O IDH, IES, HPI, ICV e IQMA revelam-se um importante instrumento para as políticas públicas. No entanto, a administração destas deve ser revista, de forma a envolver o trabalho existente e repensar seus objetivos quanto ao desenvolvimento sustentável.

Quanto à hipótese adotada, considera-se que o uso de indicadores para esse desenvolvimento é uma ferramenta presente na compreensão de uma localidade, ou de nações, e para os anseios da população, mas gera informações desordenadas, ou de uso desorganizado, quanto ao objetivo desse desenvolvimento, dada a incompatibilidade de conceitos e a aparente ausência de aplicações no campo das políticas públicas, por falhas até mesmo gerenciais e de comunicação entre instituições.

Contudo, é necessário aproximar essas políticas das formulações de indicadores que retratam a realidade do processo de desenvolvimento sustentável, desde o local até o global, em todas as suas dimensões, para que a maior gama de problemas ou variáveis sejam acompanhadas. Nesse caso, é importante que exista o diálogo interinstitucional, que possibilita a construção efetivamente pública das políticas.

Como proposição para outros estudos, aponta-se a necessidade de verificação mais profunda e de visitas institucionais para observar com detalhes o uso de índices e indicadores nas políticas públicas.

REFERÊNCIAS

ADEODATO, M. T. P. C. *Análise das estratégias do projeto para incorporação de princípios e indicadores da sustentabilidade em políticas públicas no município de Jaboticabal–SP.*

2005. Dissertação – Mestrado em Engenharia Urbana. Universidade Federal de São Carlos, São Carlos, 2005.

BELLEN, H. Desenvolvimento sustentável: uma descrição das principais ferramentas de avaliação. *Ambiente. Soc.*, Campinas, v. 7, n. 1, p. 67-87, jun. 2004.

FREY, K. Políticas públicas: um debate conceitual e reflexões referentes à prática da análise de políticas públicas no Brasil. *Planejamento e Políticas Públicas*. Brasília: Ipea, n. 21, p. 211-259, jun. 2000. Disponível em: <http://www.ipea.gov.br/pub/ppp/ppp21/Parte5.pdf>.

FUTEMA, F. Desigualdade coloca Brasil em 109ª lugar no ranking mundial de exclusão social. *Folha Online*, 16 de junho de 2004. Disponível em: <http://tools.folha.com.br/print?site=emcimadahora&url=http%3A%2F%2Fwww1.folha.uol.com.br%2Ffolha%2Fdinheiro%2Fult91u85608.shtml>. Acesso em: 15 set. 2007.

MAIA, A. G. Transformações no mercado de trabalho e desigualdade social no Brasil. *Cienc. Cult.*, São Paulo, v. 58, n. 4, p. 34-35, out./dez. 2006. Disponível em: <http://cienciaecultura.bvs.br/scielo.php?script=sci_arttext&pid=S0009-67252006000400017&lng=pt&nrm=iso>. ISSN 0009-6725. Acesso em: 10 set. 2007.

NEW ECONOMICS FOUNDATION (NEF). *Happy Planet Index*. Disponível em: <http://www.neweconomics.org/gen/z_sys_publications.aspx>. Acesso em: jan. 2007.

NOBEL PRIZE. Prize in economics. *All Laureates in Economics*. Disponível em: <http://nobelprize.org>. Acesso em: jan. 2007.

PAIXÃO, M. IDH: uma forma razoável de avaliação do desenvolvimento social? *Olhar Virtual*, Rio de Janeiro, UFRJ, ed. 48, 27 de julho de 2004. Disponível em: <http://olharvirtual.ufrj.br/ant/2004-07-27/olhonoolho.htm>. Acesso em: 29 jan. 2006.

PEDROSO, M. M. *Desenvolvimento humano do município de São Paulo (2000)*: uma cartografia socioeconômica como contribuição ao planejamento de políticas públicas. 2003. Dissertação – Mestrado em Economia Política. Pontifícia Universidade Católica, São Paulo, 2003.

PROGRAMA DAS NAÇÕES UNIDAS PARA O DESENVOLVIMENTO (PNUD). *Relatório de Desenvolvimento Humano 2006*. Disponível em: <http://www.pnud.org.br/rdh/>. Acesso em: 29 jan. 2006.

_____. *Relatório de Desenvolvimento Humano 2005*. Disponível em: <http://www.pnud.org.br/rdh/>. Acesso em: 10 set. 2007.

_____. *Relatório de Desenvolvimento Humano 1999*. Disponível em: < http://www.pnud.org.br/rdh/>. Acesso em: 29 jan. 2006.

_____. *Definição e metodologia de cálculo dos indicadores e índices de desenvolvimento humano e condições de vida*. 1998. Disponível em: <http://www.undp.org.br/hdr/HDR2000/Metodologias%20-%20IDH-M%20e%20ICV.pdf >. Acesso em: 6 fev. 2007.

POCHMANN, M.; AMORIM, R. (Org.). *Atlas da exclusão social no Brasil*. 2. ed. São Paulo: Cortez, 2003. v. 1.

_____ et al. (Org.). *Atlas da exclusão social*. 2. ed. São Paulo: Cortez, 2005. v. 3: os ricos no Brasil.

PUPPI E SILVA, H. *A influência da atividade econômica papeleira nos indicadores de desenvolvimento econômico e social de Telêmaco Borba e municípios vizinhos*. 2003. Monografia – Graduação em Ciências Econômicas. Centro Universitário Franciscano do Paraná, Curitiba, 2003.

ROCHA, A. et al. Qualidade de vida, ponto de partida ou resultado final? *Ciência & Saúde Coletiva*, Rio de Janeiro, v. 5, n. 1, 2000. Disponível em: <http://www.scielo.br/scielo.php?%20script=sci_arttext&pid=S1413-81232000000100007&lng=pt&nrm=iso&tlng=pt>. Acesso em: 7 fev. 2007.

RODRIGUES, C. Novas metodologias de pesquisa sobre exclusão social auxiliam a gestão pública. *ComCiência*, Campinas, n. 54, maio 2004. Disponível em: <http://www.comciencia.br/200405/reportagens/10.shtml>. Acesso em: 10 jun. 2007.

RUFINO, R. C. *Avaliação da qualidade ambiental do município de Tubarão (SC) através do uso de indicadores ambientais*. 2002. 113 f. Dissertação – Mestrado em Engenharia de Produção. Universidade Federal de Santa Catarina, Florianópolis, 2002.

SANTOS, A. J. Mapeamento da Exclusão/Inclusão Sócio-espacial em Aracaju. In: III SIMPÓSIO REGIONAL DE GEOPROCESSAMENTO E SENSORIAMENTO REMOTO, 25 a 27 de outubro de 2006, Aracaju/SE. *Anais*... Aracaju/SE, 2006.

SPOSATI, A. Exclusão social abaixo da linha do Equador. In: SEMINÁRIO EXCLUSÃO SOCIAL, Pontifícia Universidade Católica, São Paulo, abril, 1998. *Exposição no Seminário Exclusão Social*, PUC/SP, 1998. Disponível em: <http://www.dpi.inpe.br/geopro/exclusao/exclusao.pdf>. Acesso em: 10 fev. 2007.

UNIVERSIA. *Radiografia da exclusão social*. 2003. Disponível em: <http://www.universia.com.br/materia/imprimir.jsp?id=1201>. Acesso em: 10 fev. 2007.

WORLD DATABASE OF HAPPINESS (WDH). *Continuous register of scientific research on subjective appreciation of life*. Disponível em: <http://www1.eur.nl/fsw/happiness/>. Acesso em: jan. 2007.

CAPÍTULO 7

Indicadores institucionais para o desenvolvimento sustentável

Aline Mary Pereira Pinto da Fonseca
Antoninho Caron
José Renato Machado Specht
Julio Cesar de Oliveira Sampaio de Andrade
Thalita Mayume Sugisawa

Sumário

Resumo – Introdução – 7.1 Global Reporting Initiative (GRI) – 7.2 Genuine Progress Indicator (GPI) – 7.3 Policy Performance Index (PPI) – 7.4 A combinação e a complementaridade dos indicadores – Considerações finais – Referências.

Resumo

O debate em torno do desenvolvimento sustentável tem se destacado no cenário global, assim como o detalhamento de suas especificidades. Os indicadores de sustentabilidade geram dados que possibilitam monitorar, gerenciar, definir ações e reconhecer efeitos e causas em situações nas áreas econômica, social, ambiental, cultural e política. Neste capítulo, os indicadores abordados – o Global Report Initiative (GRI), o Genuine Progress Indicator (GPI) e o Policy Performance Indicator (PPI) – contemplam a dinâmica institucional. Com o objetivo de compreender o conteúdo desses indicadores e a viabilidade de sua complementaridade para a formulação de políticas públicas, eles serão descritos de acordo com os princípios da teoria do desenvolvimento sustentável.

INTRODUÇÃO

O presente capítulo tem como objetivo analisar três indicadores de sustentabilidade: o Global Report Initiative (GRI), o Genuine Progress Indicator (GPI) e o Policy Performance Indicator (PPI). Os elementos que norteiam a base teórica desta pesquisa são o debate sobre o desenvolvimento sustentável, seus indicadores e os meios de verificação de seu estágio.

Considerando a complexidade em torno desse desenvolvimento, influenciado por atores diretos e indiretos, e o fator de interdependência entre estes e as dimensões, compreende-se a necessidade de combinação de indicadores que se encarreguem de cobrir os diversos cenários.

Por meio de uma abordagem metodológica descritiva, os indicadores serão detalhados e conduzidos a um estágio de comparação para verificar sua complementaridade perante a avaliação do desenvolvimento sustentável institucional, de acordo com os princípios do Estado, da sociedade civil e das empresas privadas.

O capítulo está dividido em quatro seções, sendo as três primeiras com enfoque na descrição dos indicadores a serem estudados e a última com uma análise comparativa da possibilidade de combinação desses indicadores e sua aplicação para formulação de políticas públicas.

7.1 GLOBAL REPORTING INITIATIVE (GRI)

O GRI é um indicador que visa desenvolver e disseminar diretrizes que possam harmonizar os relatórios das organizações, segundo critérios comuns de sustentabilidade, e que sejam aceitos globalmente.

Seu público-alvo é as organizações de diferentes setores e tamanhos – empresariais, públicas ou sem fins lucrativos. Além disso, esse indicador é baseado no conceito de desenvolvimento sustentável compreendido pelas dimensões econômica, ambiental e social. Assim, organizações que desejam exercer e prestar contas quanto às suas práticas relacionadas à sustentabilidade podem encontrar no GRI um guia de aspectos relevantes – uma espécie de roteiro com perguntas, mas que as instituições devem fazê-las para si próprias, e cujas respostas podem ser comparadas e apresentadas aos seus *stakeholders*. Porém, estes podem também ser analisados por esse "itinerário", sendo um parâmetro, por exemplo, para a escolha de parceiros comerciais e de fornecedores regulares.

O GRI tem abrangência internacional, sendo adotada por importantes empresas em todo o mundo. A Fundação Global Reporting Initiative detém os direitos autorais das publicações normativas sobre o indicador, e, recentemente, publicou sua terceira versão (G3), a qual, em sua forma portuguesa, contou com o apoio de diversas instituições e empresas, entre elas o Instituto Ethos de Empresas e Responsabilidade Social, a Associação Brasileira de Comunicação Empresarial (Aberje) e o Centro de Estudos em Sustentabilidade da Escola de Administração de Empresas de São Paulo/Fundação Getulio Vargas (GVces), além do patrocínio de diversas empresas.

Com base no entendimento do necessário equilíbrio entre as diversas dimensões compreendidas no desenvolvimento sustentável, o GRI trata das questões econômicas, sociais e ambientais em seu relatório, mas sem propor um índice único como somatório dos diversos indicadores e tampouco estabelecer uma relação de causa e efeito sobre eles.

O relatório se refere a um período determinado – o mais comum é de um ano, mas podem ocorrer prazos maiores ou menores. O importante é que ele mantenha uma regularidade predefinida, a fim de ser comparável à evolução de seu desempenho. Os *stakeholders* devem ter fácil acesso ao relatório, a partir de um local único, como o sumário de conteúdo GRI. Além disso, ele não precisa ter tamanho preestabelecido, desde que sejam seguidas as diretrizes e as estruturas adotadas. Sua publicação pode ser feita via formato eletrônico ou impresso. Ademais, o GRI recomenda que sejam feitas verificações externas por meio de empresas especializadas, comitês de *stakeholders* ou agentes externos, para reforçar a credibilidade do relatório.

Fazem parte dos princípios e das diretrizes para o relatório: transparência, comparabilidade (entre relatórios da própria companhia e de outras), auditabilidade, precisão e integridade das informações, tendo como pano de fundo a inserção em um contexto de sustentabilidade ecológica e social.

Sua estrutura foi concebida para ser utilizada por organizações de diferentes setores, porte ou localidade, quanto ao seu desempenho, e em práticas econômicas, sociais e ambientais, existindo questões comuns ao programa geral e outras específicas por segmentos. Assim, o relatório é formado por distintas partes: princípios e orientações (conteúdo e garantia de qualidade das informações), protocolo de indicadores (definições e instruções para assegurar coerência na interpretação dos indicadores de desempenho), suplementos setoriais (interpretações, orientações e indicadores específicos do setor) e protocolos técnicos (referentes a questões que a maioria das organizações se depara quando da elaboração do relatório).

A dimensão econômica refere-se aos impactos da organização diante das condições de seus *stakeholders* e dos sistemas econômicos em níveis local, nacional e global. Além disso, deve compreender também informações quanto ao desempenho econômico (resultados e metas atingidas, riscos e oportunidades organizacionais, modificação de sistemas ou de estruturas, principais estratégias); à presença no mercado (comparativo entre o salário mais baixo e o mínimo local); às políticas, práticas e proporções de gastos com fornecedores locais; e aos impactos econômicos indiretos (investimentos em infraestrutura e serviços para benefício público e identificação de impactos econômicos indiretos, incluindo sua expansão).

Já a dimensão ambiental diz respeito aos impactos da organização sobre os sistemas naturais vivos ou não vivos, incluindo ecossistemas, ar e água. Seus indicadores abrangem o desempenho relacionado a insumos, produção, biodiversidade, conformidade ambiental, gastos com meio ambiente, impactos de produtos e de serviços. Essa dimensão deve ainda compreender os principais resultados e metas atingidas, os riscos da organização quanto à questão ambiental e as principais estratégias e procedimentos para realização dos objetivos.

Quanto à dimensão social, ela está ligada aos impactos sofridos pela organização nos sistemas sociais nos quais opera, possuindo indicadores relacionados às práticas trabalhistas (emprego, relação entre os trabalhadores e a governança, saúde e segurança no trabalho, treinamento e educação, diversidade e igualdade de oportunidades); aos direitos humanos (práticas de investimento e de processos de compra, não discriminação, liberdade de associação e negociação coletiva, trabalho infantil, trabalho forçado ou escravo, práticas de segurança e direitos indígenas); à sociedade (comunidade, corrupção, políticas públicas, concorrência desleal e conformidade); e à responsabilidade pelo produto (saúde e segurança do cliente, rotulagem de produtos e serviços, comunicações de marketing, conformidade).

Figura 7.1   Estrutura de relatórios do GRI

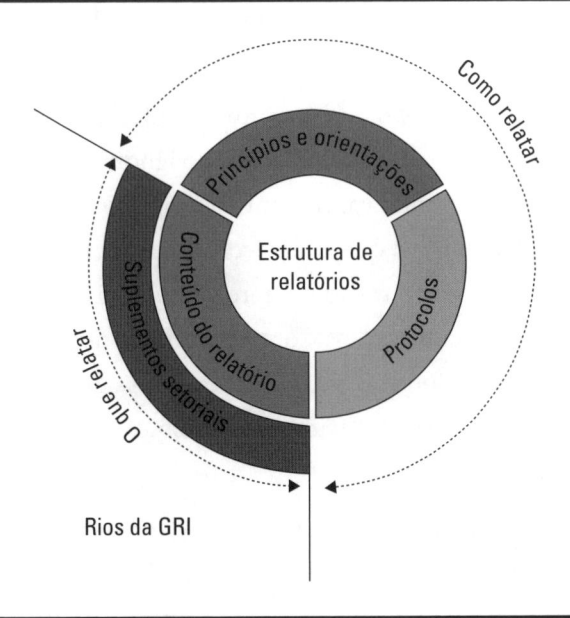

Diagrama circular com os elementos: Estrutura de relatórios (centro); Princípios e orientações; Conteúdo do relatório; Suplementos setoriais; Protocolos; Como relatar; O que relatar; Rios da GRI.

Fonte: <http://www.globalreporting.org/>.

7.2   GENUINE PROGRESS INDICATOR (GPI)

O GPI, ou Indicador Genuíno de Progresso, surgiu em 1950 com o objetivo de medir o bem-estar da economia das nações. Ele ultrapassa a estrutura convencional da contabilidade para incluir, segundo a esfera econômica, as contribuições da comunidade e do seu habitat, junto com a produção convencionalmente medida. Seu público-alvo é a sociedade, a qual envolve governo e empresas, dois segmentos que, por meio da compreensão desse indicador, poderão verificar a situação econômica real de um território.

O GPI pode ainda servir como uma referência para o mercado financeiro, no qual o investidor poderá fazer uma leitura daqueles em crescimento consciente e consistente, no que se refere à preocupação com o meio ambiente e com o social, ou seja, com sua sustentabilidade.

Na perspectiva desse indicador, o desenvolvimento humano é considerado como o principal fator para a redução da pobreza e das desigualdades percebidas nas dimensões social e econômica. O desenvolvimento sustentável, de forma específica, é abordado a partir do foco na renovação dos recursos naturais e da criação de substitutos que possibilitem a continuidade do desenvolvimento econômico.

Lawn (2003) afirma que o GPI leva em consideração mais de 20 aspectos da vida econômica de uma sociedade, os quais são ignorados pelo Produto Interno Bruto (PIB), como as estimativas da contribuição econômica dos numerosos fatores sociais e ambientais, as quais, de acordo com o PIB, são consideradas com um valor implícito e arbitrário de zero. Esses dois indicadores diferenciam-se também ao ponderar as transações econômicas que adicionam ou diminuem o bem-estar. O GPI integra, então, esses fatores como uma medida composta para que os benefícios da atividade econômica possam ser pesados em oposição aos custos.

O GPI consiste basicamente de duas partes: o desenvolvimento dos indicadores e medidas de progresso e as avaliações do valor econômico dos recursos sociais e ambientes – estas, em geral, não ocorrem nas estatísticas econômicas convencionais.

Esse indicador utiliza, de início, os mesmos dados de consumo nos quais o PIB é baseado, mas faz algumas distinções cruciais, como o ajuste para determinados fatores (por exemplo, a distribuição de renda), ou a adição de outros (o valor do trabalho da comunidade e do voluntário), ou inclusive suas subtrações (os custos do crime e da poluição). Uma vez que o PIB e o GPI são medidos em termos monetários, eles podem ser comparados na mesma escala.

Desse modo, o Indicador Genuíno de Progresso pretende fornecer aos cidadãos e aos políticos um barômetro mais exato da saúde total da economia e de como a condição nacional brasileira mudou, e vem mudando, ao longo do tempo. Enquanto o PIB *per capita* foi mais que dobrado, em 1950, o GPI mostrou um retrato muito diferente: aumentou durante as décadas de 1950 e 1960, mas declinou por aproximadamente 45% desde 1970.

Além disso, de acordo com os dados da organização Redefining Progress, de 2007, a taxa de declínio do GPI *per capita* cresceu de uma média de 1%, nos anos de 1970, para 2%, em 1980, e 6% até a década de 1990. Essa larga e crescente divergência entre esses dois indicadores é um aviso de que a economia está em um caminho de grandes improbabilidades. O GPI, especificamente, revela que muito do crescimento econômico, considerado pelos economistas como medido pelo PIB, pode ser a correção dos erros e deteriorações sociais do passado, ou o uso de recursos do futuro, ou, ainda, o deslocamento de funções da comunidade à economia monetizada.

Esse indicador sugere que os custos da atual trajetória econômica da nação já não compensam os benefícios, conduzindo a um crescimento não econômico, e explica também, em razão da primeira situação, o motivo pelo qual os povos se sentem descrentes, apesar das publicações oficiais de progresso e de crescimento econômico.

Em suma, o GPI considera que o processo produtivo gera custos indiretos relacionados à segurança e saúde, aos efeitos ambientais e ao uso de recursos naturais, sendo que essas questões devem ser consideradas quando analisada a taxa de crescimento econômico de um mercado ou país. A atenção dada às despesas ambientais e sociais pode refletir uma análise real desse desenvolvimento produtivo, servindo também de alerta para investimentos necessários na redução e/ou combate ao efeito nocivo desse crescimento.

O acesso aos resultados do GPI, os quais são publicados anualmente, assim como o PIB, está principalmente em base eletrônica de países participantes, como França, Alemanha, Canadá e Austrália, e em organizações, como a Redefining Progress.

7.3 POLICY PERFORMANCE INDEX (PPI)

O Índice de Performance Política, ou PPI, foi criado pelo Grupo Consultivo de Índices de Desenvolvimento Sustentável (CGSDI). Esse grupo é formado por líderes de projetos em indicadores de sustentabilidade. O objetivo do PPI é ser uma ferramenta de apoio à democracia para avaliar o desempenho das políticas públicas, relacionando-as com os índices sociais, econômicos e ambientais, e, assim, gerando um Índice de Performance Política. Esse índice coopera com o projeto do painel de sustentabilidade (Dashboard of Sustainability), substituindo os índices tradicionais, como crescimento do PIB, taxa de desemprego etc.

O público-alvo do PPI é composto por eleitores e governantes, uma vez que o resultado desse índice influenciará nos votos e pressionará os governos a agirem em relação aos indicadores que tiveram uma avaliação negativa, ou seja, os administradores públicos terão que tomar decisões, ao verificar o índice, para melhorar ou formular políticas nas áreas valoradas abaixo do padrão mínimo.

Esse índice é um termo genérico e pode ser utilizado para medir o desempenho dos países nos objetivos do milênio: saúde, educação, meio ambiente, governança e desenvolvimento sustentável.

O PPI é dividido em quatro índices – econômico, social, ambiental e institucional – para o desenvolvimento sustentável, o qual é definido como aquele capaz de garantir as necessidades básicas atuais sem comprometer as gerações futuras, o que só ocorrerá por meio da interação com essas esferas, caracterizando-o, assim, como multidisciplinar.

De acordo com o site do projeto (http://esl.jrc.it/dc/csdriojo), esses quatro índices são formados por outros indicadores disponíveis, conforme demonstrado a seguir:

- Índice econômico: dívida externa; lixo municipal; assistência oficial para o desenvolvimento (ODA); lixo tóxico e nuclear; reciclagem; uso da energia; produto nacional bruto; energia renovável; uso de veículos; eficiência energética; PIB/GDP; crescimento; inflação; distribuição (coeficiente de Gini); investimento fixo interno bruto (GDFI).

- Índice social: expectativa de vida; linha da pobreza; escolas primárias e secundárias; urbanização; saneamento básico; equidade (igualdade e inclusão); água potável; analfabetismo; saúde; condições de vida; diferença de renda entre homens e mulheres; desnutrição, mortalidade e imunização infantil; criminalidade; crescimento populacional; controle de natalidade; desemprego.

- Índice ambiental: densidade populacional; consumo de fertilizantes; concentração urbana de fósforo na água; preservação do ecossistema; uso de pesticidas; população costeira; área de proteção ambiental; área florestal; espécies de mamíferos e aves; piscicultura; emissão de CO_2; emissão de outros gases do efeito estufa; consumo de clorofluorcarbono; desmatamento florestal; poluição do ar; terras desérticas e áridas; emissão de poluentes orgânicos; área agricultável; número de favelas (assentamentos urbanos informais); uso da água; uso de recursos; pegada ecológica.

- Índice institucional: infraestrutura de comunicação (telefone, internet); gasto com pesquisa e desenvolvimento; custo humano e econômico em desastres ambientais; estratégia para o desenvolvimento sustentável.

Todos esses índices são agregados em um PPI para o desenvolvimento sustentável e apresentados em um gráfico com dois círculos concêntricos, sendo que o primeiro representa o desenvolvimento sustentável, e o segundo, os quatro subíndices (econômico, social, ambiental e institucional), conforme a Figura 7.2.

Figura 7.2   RioJo Dashboard

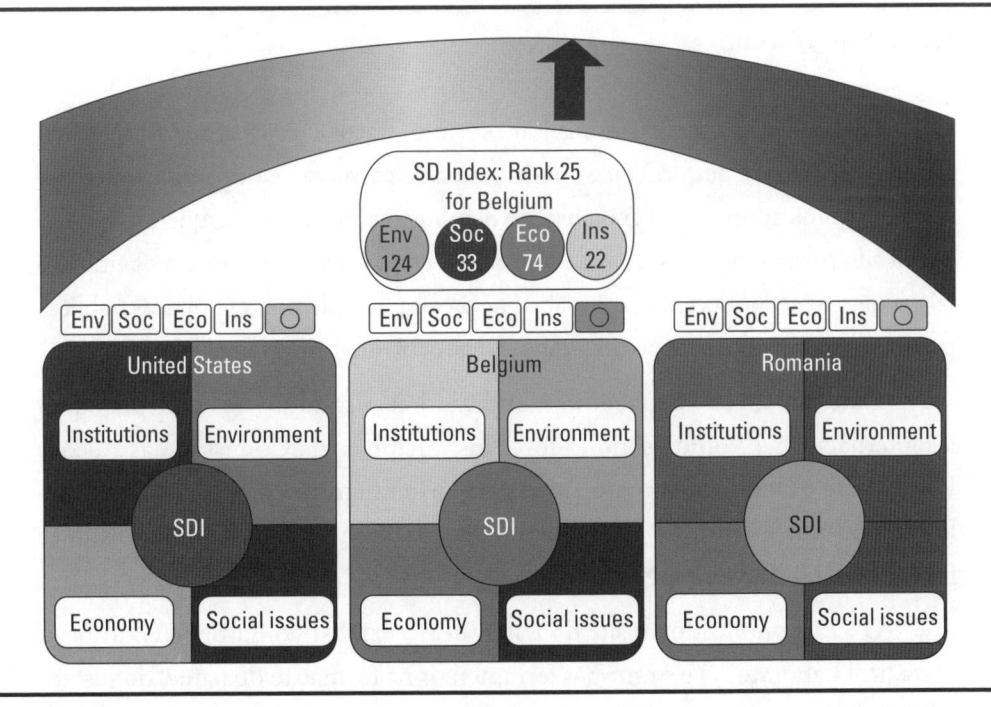

Fonte: CGSDI.

Esse painel é alimentado pelos indicadores de cada índice (econômico, social, ambiental e institucional), e colocados, em primeiro lugar, em uma planilha e, depois, no software do *Dashboard*. Este, por sua vez, atribui cores para os resultados (Figura 7.3), sendo que a escala de verde equivale ao nível excelente, muito bom, bom e razoável; a cor amarela, ao médio; a escala de vermelho, ao ruim, muito ruim, péssimo e crítico; e o azul é quando não há informação. Além disso, cada subíndice possui seu painel com seus indicadores, conforme a Figura 7.4.

Figura 7.3   Escala de cores

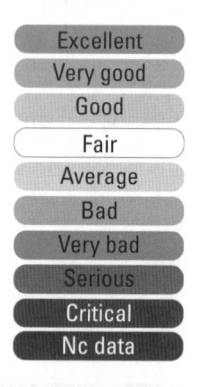

```
Excellent
Very good
Good
Fair
Average
Bad
Very bad
Serious
Critical
Nc data
```

Fonte: <http://esl.jrc.it/dc/csdriojo/>.

Portanto, o PPI serve para analisar os pontos fracos e fortes de um país, Estado ou cidade e avaliar a performance política, além de permitir a comparação entre países e entre indicadores. Esse gráfico pode demonstrar, por exemplo, que, em um determinado país, os índices sociais e econômicos estão muito bem, porém os ambientais, ruins. Desse modo, essa nação sabe que precisará implementar políticas públicas para o meio ambiente para poder atingir o desenvolvimento sustentável.

O desafio do PPI é substituir os indicadores escolhidos no início por aqueles internacionais, como os indicadores institucionais da Comissão das Nações Unidas para o Desenvolvimento Sustentável, e também ser constantemente atualizado por uma instituição estrangeira dedicada, como o International Institute for Sustainable Development (IISD).

O PPI é publicado no site do Laboratório Estatístico Europeu (European Statistical Laboratory) e é uma das ferramentas na formação do painel de sustentabilidade para avaliar as políticas públicas.

Figura 7.4 Subíndice ambiental

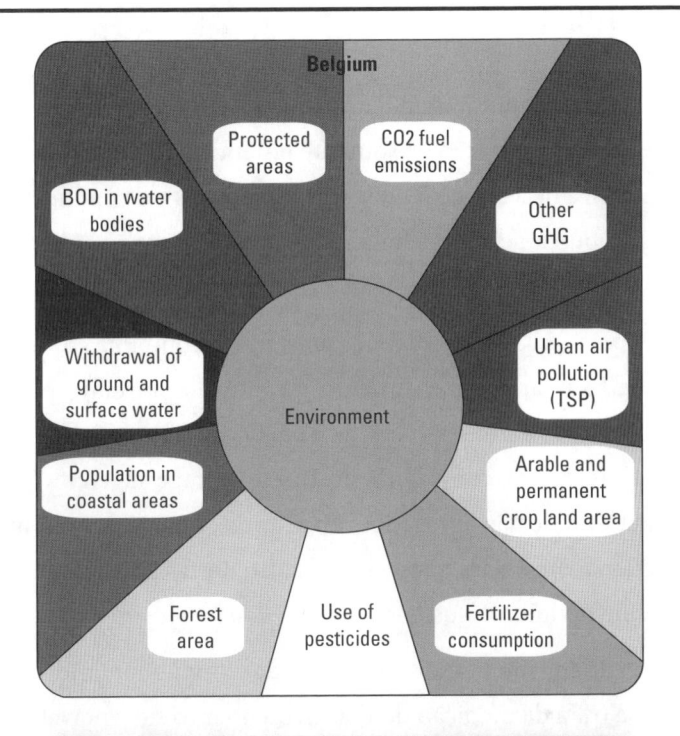

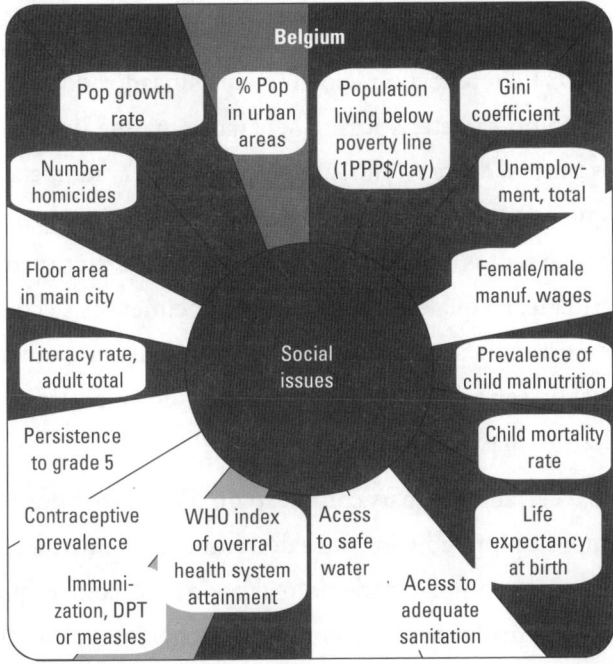

Belgium (Environment)
- Protected areas
- CO2 fuel emissions
- BOD in water bodies
- Other GHG
- Withdrawal of ground and surface water
- Urban air pollution (TSP)
- Population in coastal areas
- Arable and permanent crop land area
- Forest area
- Use of pesticides
- Fertilizer consumption

Belgium (Social issues)
- Pop growth rate
- % Pop in urban areas
- Population living below poverty line (1PPP$/day)
- Gini coefficient
- Number homicides
- Unemployment, total
- Floor area in main city
- Female/male manuf. wages
- Literacy rate, adult total
- Prevalence of child malnutrition
- Persistence to grade 5
- Child mortality rate
- Contraceptive prevalence
- WHO index of overrall health system attainment
- Acess to safe water
- Life expectancy at birth
- Immunization, DPT or measles
- Acess to adequate sanitation

Fonte: CGSDI.

7.4 A COMBINAÇÃO E A COMPLEMENTARIDADE DOS INDICADORES

Tendo em vista a multidisciplinaridade que envolve a busca pelo desenvolvimento sustentável, a utilização de somente um indicador dificilmente abrangerá a amplitude analítica necessária. As diversas dimensões e os múltiplos participantes envolvidos na busca pela sustentabilidade caracterizam a complexidade desse sistema. Todos os fatores estão interligados, e os atores, interdependentes entre si.

Bell e Morse (2003) abordam a questão da combinação de indicadores como forma de facilitar o entendimento da informação tanto pela sociedade quanto pelos políticos e líderes corporativos. Os autores justificam que o foco principal é compreender a conjuntura no âmbito geral e sugerem, inclusive, que indicadores diferentes e não agregados sejam apresentados juntos em uma única tabela ou diagrama, ou, então, que a combinação destes gere um quadro de indicadores de desenvolvimento sustentável.

Parece ser adequado pensar no aspecto da complementaridade dos indicadores quando se trata da medição do desenvolvimento sustentável, uma vez que dificilmente um único indicador será suficiente para traduzir sua complexidade.

Morin (2005) diferencia o raciocínio simplificador do complexo. O primeiro apresenta como características: a separação, na medida em que isola os objetos uns dos outros, do seu ambiente e do seu observador, e a redução, que unifica aquilo que é múltiplo, atribuindo a verdadeira realidade não às totalidades, mas sim aos elementos que a compõe. Já o segundo destaca a importância da multidisciplinaridade, na qual as visões e os conhecimentos se complementam. A complexidade estimula a reflexão, meditação, discussão e incorporação por todos – cada qual no seu saber e na sua experiência de vida, além de um diálogo entre ordem, desordem e organização.

O mundo é certamente mais complexo do que é capaz de compreender o pensamento simplificador, reducionista e determinista. Somente um pensamento capaz de enfrentar a complexidade do real pode lidar com as questões multidimensionais do desenvolvimento sustentável. Bachelard (apud MORIN, 2005, p. 175) considerou a complexidade como um problema fundamental, já que, segundo ele, não há nada simples na natureza; só há o simplificado.

Dessa forma, se o próprio estudo do desenvolvimento sustentável pressupõe uma visão de diferentes disciplinas, seria incoerente pensar que ela poderia ser esgotada com apenas um indicador, por mais completo que ele fosse. Não se trata, porém, apenas de agregar visões paralelas vistas isoladamente. É um desafio identificar em que aspectos estas podem ser complementares e intercomunicantes.

Tampouco é o caso de se propor que sejam esses ou outros indicadores entre os vários existentes ou a serem criados. Todos possuem suas virtudes e limitações e sua força se dará na medida em que, associados a outros indicadores, possam fazer com que o estudo se aproxime continuamente da realidade.

Dentro dos indicadores apresentados neste capítulo – GRI, GPI e PPI –, verifica-se que sua combinação, apesar de suas limitações naturais, traz importantes contribuições à visão do desenvolvimento sustentável e da sustentabilidade. No seu conjunto, eles podem ser aplicados tanto para o setor público quanto para o privado, assim como para a sociedade, conforme se pode observar no Quadro 7.1.

Pode-se afirmar que os objetivos dos indicadores estudados são complementares, abordando diferentes esferas. Assim, enquanto o GRI trata das práticas das organizações, o GPI enfatiza o bem-estar, e o PPI, a performance das políticas públicas.

No seu conjunto, eles se destinam também a diferentes públicos, sendo contempladas organizações (GRI), governo, empresas e público em geral (GPI) e governo e sociedade (PPI).

Os indicadores apresentam em comum o fato de todos abordarem a questão da sustentabilidade de forma multidimensional, considerando as questões sociais, ambientais e econômicas. De forma especial, o GPI destaca o desenvolvimento humano como o caminho para eliminar as desigualdades econômicas e sociais, fato que não ocorre, necessariamente, se for considerado apenas o crescimento econômico, representado no Brasil por outro indicador, o PIB.

Todos os três trabalham com indicadores econômicos, ambientais e sociais. O GRI considera, ainda, as práticas trabalhistas e as responsabilidades por produto, e o GPI, os indicadores culturais. O PPI é o único que consolida indicadores em subíndices (ambiental, social, econômico e institucional), de forma a constituir o índice do desenvolvimento sustentável, fato que não ocorre com os outros dois, uma vez que eles não têm esse propósito.

Quadro 7.1 Matriz comparativa

Indicador	Global Reporting Initiative (GRI)	Genuine Progress Indicator (GPI)	Policy Performance Index (PPI)
Objetivo do indicador	Desenvolver e disseminar diretrizes que possam harmonizar os relatórios das organizações segundo critérios de sustentabilidade aceitos globalmente.	Medir a melhoria do bem-estar de um país, adicionando variáveis ambientais e sociais a outro indicador, o Produto Interno Bruto (PIB), ou seja, a capacidade de produção e consumo de bens.	Avaliar a performance das políticas públicas, relacionando-as aos índices sociais, econômicos e ambientais, gerando, assim, um Índice de Performance Política.
Público-alvo	Organizações de diferentes setores e tamanhos — empresariais, públicas ou sem fins lucrativos, porém é no segmento privado que se dá sua maior aplicação.	Governo, empresas e público em geral.	Governo e sociedade.
Conceito sobre desenvolvimento sustentável	Equilíbrio entre o desenvolvimento econômico, social e ambiental.	Considera o desenvolvimento humano como o principal fator para a redução da pobreza e das desigualdades percebidas na dimensão social e econômica. O desenvolvimento sustentável é abordado a partir do foco na renovação dos recursos naturais e da criação de substitutos que possibilitem a continuidade do desenvolvimento econômico.	Considera que o desenvolvimento deve contemplar a interação das esferas ambientais, econômicas e sociais.
Indicadores existentes e relação entre as dimensões	Desempenho econômico, social e ambiental; práticas trabalhistas e trabalho decente; direitos humanos; sociedade; e responsabilidade por produto.	Econômico, social, cultural e ambiental.	Econômico, social e ambiental.
Forma de coleta e tratamento dos dados	Relatório emitido regularmente pela organização para que seja possível comparar a evolução de sua performance e também em relação a outras organizações. O relatório contém questões relativas aos indicadores propostos pelo programa geral e outras específicas por segmento.	Parte-se dos mesmos dados de consumo nos quais o PIB é baseado, descontando determinados fatores (como a distribuição de renda), adicionando outros (o valor do trabalho da comunidade e o trabalho voluntário) e subtraindo outros (por exemplo, os custos gerados pela criminalidade e poluição).	Informações obtidas a partir de quatro subíndices: pressão ambiental; social; econômico; e institucional. Estes subíndices alimentam o índice PPI.
Formação de um índice	Não se aplica	Não informado	É um índice formado por quatro subíndices, os quais são compostos por diversos indicadores.
Causa e efeito entre os indicadores	Não há	Causa: aumento na produção; Efeito: crescimento não econômico, se não forem considerados os custos ambientais, de saúde e de segurança.	Causa: pressão da sociedade sobre a política; Efeito: políticas públicas eficientes.
Periodicidade	A mais utilizada é a anual, podendo, no entanto, ocorrer prazos maiores ou menores. Recomendável a utilização de regularidade uniforme, em função da comparabilidade.	Anual	Não informado

O GRI não estabelece qualquer relação de causa e efeito entre os indicadores, enquanto o GPI entende que o aumento de produção é o agente que influencia diretamente os demais indicadores, e, como consequência, um crescimento não econômico, já que existe a necessidade de se considerar os custos ambientais, de saúde e de segurança. O PPI aponta a pressão da sociedade como o caminho para a obtenção de políticas públicas eficientes, estabelecendo, desse modo, a correlação de causa e efeito.

Apesar de não haver informações a respeito da periodicidade estabelecida pelo PPI, e nem a obrigatoriedade por parte do GRI, parece ser a publicação anual adotada pelo GPI como a adequada e a aplicável para os três indicadores.

CONSIDERAÇÕES FINAIS

O desenvolvimento sustentável é um processo que envolve diferentes dimensões: a econômica, a social, a ambiental, a cultural e a espacial. Assim sendo, a utilização de um único indicador é insuficiente para refletir o desenvolvimento sustentável, por mais abrangente que ele seja. Ao se fazer uso desses tipos de indicadores para formulação de políticas públicas, é necessária ainda a soma de novas variáveis devido às visões do Estado, da sociedade civil e das empresas privadas.

Nesse sentido, como foi demonstrado pela descrição das características dos indicadores GRI, GPI e PPI, não há qualquer conflito ou não recomendação na utilização destes. Ao contrário, pode-se afirmar que eles apresentam potenciais complementares, e que, uma vez utilizados dessa forma, o resultado pode ser um grande enriquecimento na compreensão e na exploração de diferentes aspectos.

Essa afirmação pôde ser constatada quando analisado o conceito sobre desenvolvimento sustentável dos três indicadores estudados, no qual todos se apoiam no sentido de se considerar o equilíbrio entre as esferas econômicas, ambientais e sociais.

É possível ainda destacar que, em termos comparativos, tanto o GRI quanto o GPI e o PPI têm uma preocupação em considerar sua aplicabilidade, ainda que segmentada, respectivamente em organizações; governo, empresas e público em geral; e governo e sociedade. Porém, isso não exclui que seus resultados se apliquem, em última análise, em benefício coletivo, ou seja, de todos os atores envolvidos.

A análise, ainda que breve, das características próprias e complementares desses indicadores, permite concluir que a interação destes pode possibilitar uma visão holística para uma melhor avaliação do desenvolvimento de uma determinada cidade, região ou país, considerando os três públicos abordados – setor público, privado e sociedade –, propiciando uma boa leitura dos resultados obtidos e servindo de facilitador para que se atinjam as metas de desenvolvimento sustentável.

Por fim, conclui-se que cada um dos indicadores estudados possui forças e limitações que precisam ser considerados. As vantagens da sua utilização em conjunto ocorrem exatamente pela diversidade e complementaridade entre eles, não parecendo haver qualquer tipo de desvantagem. Destaca-se que não se trata de buscar o caminho simplificador de tentar produzir um único indicador a partir dos três. Isso dificilmente seria possível, não apenas pelas suas características próprias, mas também porque a riqueza de seu somatório poderia ser atribuída, em grande parte, pelas suas diferenças. É recomendável assumir o desafio da complexidade e da diversidade de dimensões, visões e caminhos, considerando o Estado, a sociedade civil e as empresas privadas, quando se trata da utilização de indicadores de sustentabilidade para a formulação de políticas públicas.

REFERÊNCIAS

ALMEIDA, F. *O bom negócio da sustentabilidade*. Rio de Janeiro: Nova Fronteira, 2002.

BELL, S.; MORSE, S. *Measuring sustainability*: learning from doing. London: Earthscan, 2003.

BOSSEL, H. *Indicators for sustainable development*: theory, method, applications. A report to the Balaton Group. Winnipeg: IISD, 1999.

CONSULTATIVE GROUP SUSTAINABLE DEVELOPMENT INDICATORS (CGSDI). Intro. *Measuring policy performance*: the dashboard tool. Disponível em: <http://esl.jrc.it/envind/dashbrds.htm>.

DALY, H. E. Crescimento sustentável? Não, obrigado. *Ambiente & Sociedade*, Campinas, v. 7, n. 2, p. 197-202, jul./dez. 2004.

FARSARI, Y.; PRASTACOS, P. *Sustainable development indicators*: an overview. In: INTERNATIONAL CONFERENCE CITIZENS, SUSTAINABLE DEVELOPMENT, ENVIRONMENT, Foundation for Mediterranean Cooperation, Athens, Greece, April 2002. Proceedings... Athens, Greece: IACM/FORTH, 2002. Disponível em: <http://www.iacm.forth.gr/regional/papers/Asteras-English.pdf>. Acesso em: 2 fev. 2007.

GLOBAL REPORTING INITIATIVE (GRI). *Diretrizes para relatório de sustentabilidade – 2006*. Disponível em: <http://www.globalreporting.org/>. Acesso em: 2 fev. 2007.

JESINGHAUS, J. On the art of aggregating apples & oranges. *Fondazione Eni Enrico Mattei (FEEM)*, Milano, 2000. Disponível em: <http://www.feem.it/Feem/Pub/Publications/WPapers/WP2000-091.htm>. Acesso em: 11 nov. 2006.

LAWN, P. A. A theoretical foundation to support the Index of Sustainable Economic Welfare (ISEW), Genuine Progress Indicator (GPI), and other related indexes. *Ecological Economics*, v. 44, n. 1, p. 105-118, Feb. 2003.

MORIN, E. *Ciência com consciência*. Tradução de Maria D. Alexandre e Maria Alice Sampaio Doria. Rio de Janeiro: Bertrand Brasil, 2005.

SUSTAINABILITY CENTER BREMEN (SCB). *Report on the aggregation of Indicators of Sustainable Development*. Disponível em: <http://www.scb.ecolo-bremen.de/>. Acesso em: 11 nov. 2006.

SITES CONSULTADOS

<http://en.wikipedia.org/wiki/Genuine_Progress_Indicator>.

<http://www.gpiatlantic.org>.

<http://www.ufrgs.br/pgdr/textosabertos/Indicadores%20de%20sustentabilidade-v.2_15.pdf>.

<http://esl.jrc.it/dc/csdriojo/>.

<http://www.globalreporting.org/>.